LEKTÜRESCHLÜSSEL
FÜR SCHÜLERINNEN UND SCHÜLER

Thomas Mann

Buddenbrooks

Von Helmut Bernsmeier

Philipp Reclam jun. Stuttgart

Dieser Lektüreschlüssel bezieht sich auf folgende Textausgabe: Thomas Mann: *Buddenbrooks. Verfall einer Familie*. Frankfurt a. M.: Fischer Taschenbuch Verlag, 2004. (Fischer Taschenbuch. 9431.)

RECLAMS UNIVERSAL-BIBLIOTHEK Nr. 15396

Gesamtherstellung: Reclam, Ditzingen
Printed in Germany 2012

ISBN 978-3-15-015396-3

www.reclam.de

Inhalt

1. Erstinformation zum Werk

Seit der ersten Auflage im Jahr 1901 ist Thomas Manns Dichtung über den »Verfall einer Familie«, wie der Untertitel lautet, einer der meistgelesenen und -geschätzten Romane der deutschen Literaturgeschichte. Thomas Mann legte als junger Autor von fünfundzwanzig Jahren dieses opulente Werk vor. 1929 wurde er für *Buddenbrooks* mit dem Nobelpreis ausgezeichnet.

Nobelpreis

Der Erfolg des Romans ist nicht nur dem authentischen und historisch belegten Material und dem Streben des Autors nach Authentizität zu verdanken, sondern vor allem seiner Beobachtungsgabe, die sich in der Darstellung seiner Personen und deren Charakteristik zeigt, sowie dem ausgereiften, von Ironie geprägten Stil.

Bei der Auswahl der Figuren hat sich Thomas Mann an Personen seiner eigenen Familie orientiert, diese allerdings nicht historisch getreu wiedergegeben, sodass der Leser trotz der Detailgenauigkeit auch ein verfremdendes Prinzip erkennt.

Erzählt wird die Geschichte der Lübecker Kaufmannsfamilie Buddenbrook von dem Zeitpunkt ihrer größten Blüte bis zum Erlöschen. Es ist aber nicht allein die meisterhaft erzählte Geschichte einer Familie, *einer* Familie, die beeindruckt, sondern die »Seelengeschichte des europäischen Bürgertums« (Siegfried Lenz) im 19. Jahrhundert.

Der Roman wurde in fast alle europäischen und in viele außereuropäische Sprachen übersetzt. Insgesamt liegen etwa vierzig Übersetzungen und vier Verfilmungen (1923, 1959, 1979 und 2008) vor.

Übersetzungen

2. Inhalt

Die Handlung des in elf Teile gegliederten Romans *Buddenbrooks* erstreckt sich über die Jahre 1835 bis 1877 und wird durch die Abfolge von vier Generationen bestimmt. Der Untertitel *Verfall einer Familie* weist auf den Niedergang der im Titel genannten großbürgerlichen Kaufmanns- und Patrizierfamilie in Lübeck hin.

Erster Teil (7–49)

Familienoberhaupt Johann Buddenbrook senior

Die ersten Kapitel dienen dazu, den Leser mit den drei Generationen der Familie, den Vermögensverhältnissen sowie mit ihrem Bekanntenkreis vertraut zu machen. Die im Herbst 1835 einsetzende Handlung beginnt kurz nachdem das Familienoberhaupt Johann Buddenbrook senior ein repräsentatives Anwesen in der Lübecker Mengstraße erworben hat.

verkörpert die Ideale seines Standes

Johann Buddenbrook verkörpert die Ideale seines Standes, er ist praktisch veranlagt und denkt an das Nützliche. Bei ihm kommen keine Zweifel auf, dass das seit Generationen aufgebaute Getreidehandelshaus weiterhin erfolgreich sein wird.

Nach einem friedlich verlaufenden üppigen Mahl im Familien- und Bekanntenkreis konfrontiert ihn sein Sohn, Konsul Johann Buddenbrook, mit einem Brief seines Stiefbruders Gotthold, der sich darüber beschwert, im Vergleich zu den beiden Kindern aus der zweiten Ehe seines Vaters zu kurz gekommen zu sein. Konsul Johann möchte aufgrund seiner christlichen Gesinnung einerseits den inneren Frieden in der Familie wahren, andererseits aber als Unternehmer das Ansinnen des Bruders zurückweisen. Sein Vater hat demgegenüber keine Bedenken, sich strikt gegen den Anspruch Gottholds zu stellen, der gegen seinen Willen eine nicht standesgemäße Frau geheiratet hatte.

Zweiter Teil (50–90)

Drei Jahre später, im Jahr 1838, kann der Konsul die Geburt der Tochter Clara in die Familienchronik eintragen. In diesem Zusammenhang erfährt der Leser etwas über den Ursprung der Familie und deren Lebensmaxime »Mein Sohn, sey mit Lust bey den Geschäften am Tage, aber mach nur solche, daß wir bey Nacht ruhig schlafen können« (56).

Familienchronik

Die drei älteren Kinder, Thomas, Antonie, genannt Tony, und Christian, werden hier näher vorgestellt. Thomas und Christian sind grundverschieden veranlagt. Während Thomas Ähnlichkeiten mit dem Großvater aufweist und mit sechzehn in die Firma eintritt, ist Christian launenhaft und für den Kaufmannsberuf offenbar ungeeignet. Die Schwester Tony erlebt eine glückliche Kindheit in der Familie und in dem Pensionat von Therese Weichbrodt, wo sie die aus Amsterdam stammende Mitschülerin Gerda Arnoldsen kennen lernt. Gerda, die später Thomas Buddenbrook heiratet, ist eine Persönlichkeit, die durch ihre fremdartige und elegante Erscheinung, ihre dunkelrote Haarpracht und weißen Zähne Aufsehen erregt.

Die Kinder des Konsuls

Die Familie Buddenbrook

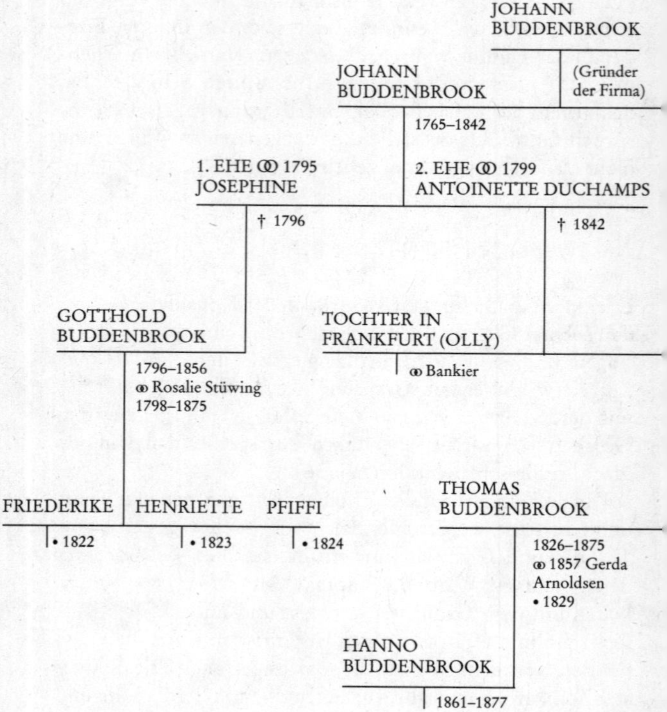

BERNHARD
BUDDENBROOK

Pächter auf Gut Ungnade

KLOTHILDE
BUDDENBROOK

• 1827

LEBERECHT KRÖGER

† 1848
⚭ Catharina Kröger
† 1850

JOHANN (JEAN)
BUDDENBROOK

um 1800–1855
⚭ 1825 Elisabeth
Kröger

ELISABETH
(BETHSY)

ca. 1805–1871

JUSTUS
KRÖGER

1800–1875
⚭ Rosalie Overdiek

JAKOB

• 1828

JÜRGEN

• 1826

ANTONIE
(TONY)

• 1827
1. Ehe ⚭ 1846–1850
Bendix Grünlich

CHRISTIAN

• 1828
⚭ 1876 Aline
Puvogel

CLARA

1838–1864
⚭ 1856 Sievert
Tiburtius
Pastor zu Riga

ERIKA
GRÜNLICH

• 1846
⚭ 1867 Hugo
Weinschenk

GISELA

• 1860

ELISABETH
WEINSCHENK

• 1868

2. Ehe ⚭ 1857–1859
Alois Permaneder

Das Familienoberhaupt Johann stirbt 1842, nach seiner Frau, woraufhin Gotthold wieder den Anschluss an die Familie sucht. Die wirtschaftliche Entwicklung des Familienunternehmens bleibt hinter den Erwartungen zurück.

Kaufmannsfamilie Hagenström

Erstmals erfolgt ein Hinweis auf die junge und unternehmungsfreudige Kaufmannsfamilie Hagenström, die in Konkurrenz zu der Familie Buddenbrook steht und weiter einen Gegenpol zu ihr darstellen wird.

Dritter Teil (91–168)

Eheschließung zwischen Tony Buddenbrook und Bendix Grünlich

Dieser Teil wird wesentlich von der Eheanbahnung zwischen der mittlerweile achtzehn Jahre alten Tony und dem etwa zweiunddreißig Jahre alten Bendix Grünlich bestimmt. Grünlich wirbt als Geschäftspartner um Tonys Hand und macht wegen des guten geschäftlichen Leumunds, seines gepflegten Benehmens und seiner christlichen Gesinnung einen sehr positiven Eindruck auf die Eltern. Die umworbene Tony findet Grünlich jedoch lächerlich und gibt ihm, als er seine Auserkorene allein trifft und sich ihr zu Füßen wirft, einen Korb. Konsul Buddenbrook sieht in der Verbindung mit Grünlich jedoch geschäftliche Vorteile und spricht sich für die Zweckheirat aus. Damit sie zur Besinnung komme, schlägt er Tony vor,

Medizinstudent Morten

den Sommer in der Familie des Lotsenkommandeurs Schwarzkopf in Travemünde zu verbringen. Hier lernt sie dessen Sohn Morten kennen, der als Medizinstudent seine Ferien zu Hause verbringt.

Bei Spaziergängen am Strand erzählt Morten von seinen liberalen Ansichten. Die beiden jungen Leute verlieben sich ineinander. Morten möchte bald sein Studium zu Ende bringen und dann um Tonys Hand anhalten.

Einige Tage später erscheint allerdings Bendix Grünlich in Travemünde und beschwert sich beim Lotsenkommandanten darüber, dass Morten der jungen Frau Versprechungen gemacht habe; er selbst besitze eigene Rechte auf Tony. Woraufhin Schwarzkopf seinen Sohn zur Ordnung ruft und ihn unverzüglich nach Göttingen schickt. Tony, wieder zu Hause, schreibt betrübt in die Familienchronik, sie habe sich am 22. September 1845 mit dem Kaufmann Herrn Bendix Grünlich verlobt. Nach dem Aushandeln einer guten Mitgift findet ein Vierteljahr später die Hochzeit und der Umzug des jungen Paares nach Hamburg statt.

Hochzeit und Umzug des jungen Paares nach Hamburg

Thomas ist in der Zwischenzeit im Unternehmen integriert und geht im Auftrag der Firma nach Amsterdam. Um vor dem Auslandsaufenthalt seiner Verantwortung für die Familie gerecht zu werden, trennt er sich von seiner Geliebten, dem Blumenmädchen Anna. Christian soll weitere Ausbildung bei einem Geschäftspartner in London erhalten.

Thomas in Amsterdam, Christian in London

Vierter Teil (169–248)

Im Oktober 1846 wird Tonys und Bendix' Tochter Erika geboren. Die Ehe erweist sich nach der Geburt Erikas als nicht glücklich. Bendix wirft seiner Frau, die um die Einstellung einer Erzieherin bittet, vor, sie ruiniere ihn mit ihrer Verschwendung. Tony, die seit ihrer Verheiratung nichts an Selbstsicherheit eingebüßt hat, wird bewusst, dass die Geschäfte ihres Mannes schlecht gehen und Bendix, der kurz vor dem Ruin steht, zahlungsunfähig ist. Nach einer Auseinandersetzung zwischen Grünlich und dem Bankier Kesselmeyer erfährt der nach Hamburg gereiste Johann Buddenbrook, dass sich der Schwiegersohn ihm und Tony gegenüber unehrlich verhalten hat. Bereits vor der Eheschließung sei Grünlich pleite gewesen, habe aber gefälschte Bilanzen vorgelegt. Die Mitgift konnte ihn vorerst retten. Der Vater ist nun nicht bereit, Grünlichs Firma mit seinem Geld weiter zu unterstützen.

Bendix Grünlichs Geschäfte stehen vor dem Ruin

Tony ahnt, dass ein Bankrott auch ihren Ruin bedeuten würde. Auf Anraten des Vaters trennt sie sich von Grünlich, kehrt mit Erika in ihr Elternhaus nach Lübeck zurück und lässt sich 1850 scheiden.

Tonys und Erikas Rückkehr ins Elternhaus

Ein zweiter Erzählstrang dieses Romanteils handelt von den revolutionären Ereignissen im Herbst 1848. Es kommt zu einer Versammlung vor dem Rathaus, wo die Anwesenden lautstark die Einführung des allgemeinen Wahlrechts und republikanische Verhältnisse fordern. Bei den Mitgliedern der Bürgerschaft rufen diese Ereignisse Furcht hervor. Konsul Johann Buddenbrook gelingt es jedoch dank seines Ansehens und seiner Rede, die er an die revoltierenden Arbeiter in plattdeutscher Mundart adressiert, die Aufständischen zu beruhigen. Johann verdeutlicht den Arbeitern, indem er sich direkt an einen seiner Lagerar-

Revolutionäre Ereignisse im Herbst 1848

beiter wendet, dass Lübeck bereits eine Republik ist. Johann Buddenbrooks Schwiegervater, der alte Konsul Kröger, hat sich während der Ereignisse so erregt, dass er an einer Herzattacke stirbt. Sieben Jahre später, im Sommer 1855, stirbt auch Konsul Johann Buddenbrook.

Fünfter Teil (249–303)

Thomas Buddenbrook Chef des Handelshauses

Thomas Buddenbrook, erst neunundzwanzig Jahre alt, ist nun Chef des großen Handelshauses. Obwohl die Bilanz besser ausfällt als erwartet, ist Thomas nicht zufrieden. Er möchte das Glück zwingen und das Prestige des alten Unternehmens fördern. Die »Sehnsucht nach Tat, Sieg und Macht« ist seinen Augen anzusehen (256).

Thomas' alte Mutter Elisabeth gewinnt als Witwe zunehmend Wohlgefallen an einer religiös-eifernden Lebensweise und richtet »Jerusalemsabende« aus, zu denen sie regelmäßig Pfarrer und Missionare einlädt.

Christians Rückkehr

Anfang des Jahres 1856 kehrt Christian nach achtjähriger Abwesenheit zurück. Anschließend an seinen Londoner Aufenthalt hatte er in Valparaiso in Chile gelebt. Nun soll er mit seinen Englischkenntnissen der Firma nutzen und wird als Prokurist eingestellt. Seine Arbeitshaltung – er verbringt am Vormittag lange Zeit mit Zeitunglesen, Zigarrenrauchen und Cognactrinken – wirkt sich aber negativ auf das Klima in den Büroräumen aus. Seinen eigentlichen Lebensmittelpunkt findet er nicht in der Firma, sondern im Klub, wo er seine gesellschaftliche Begabung auszuleben weiß. Dieser Lebenswandel führt immer mehr zu einer Verschlechterung des Verhältnisses zu seinem Bruder Thomas.

Eheschließung zwischen Thomas Buddenbrook und Gerda Arnoldsen

Im Juli 1856 zeigt Thomas, der sich auf einer Geschäftsreise in Amsterdam aufhält, seine baldige Eheschließung mit Gerda Arnoldsen an. Gerda, Tochter eines reichen Amsterdamer Kaufmanns, ist im Pensionat von Therese Weichbrodt zusammen mit Tony aufgewachsen. Ihr elegantes, exotisches Aussehen und ihre musikalische Neigung bieten in Lübeck Gesprächsstoff.

Es bahnt sich aber auch eine zweite Eheschließung an. Im Haus in der Mengstraße lernen sich in den christlichen Zirkeln die achtzehnjährige Clara und der Pastor Tiburtius näher kennen und heiraten Ende des Jahres 1856.

Sechster Teil (304–394)

Hopfenhändler Alois Permaneder

Tony macht in München, wo sie sich bei ihrer Freundin aufhält, Bekanntschaft mit dem Hopfenhändler Alois Permaneder. Dieser besucht die junge Frau später im Haus der Buddenbrooks, wo er nicht nur wegen seines Aussehens und seiner bayrischen Mundart, sondern auch wegen seines ungeschliffenen Auftretens für Aufmerksamkeit sorgt. Beide heiraten und ziehen, ausgestattet mit einer ansehnlichen Mitgift, nach München.

Spannungen zwischen Thomas und Christian

In Lübeck verschärfen sich die Spannungen zwischen Thomas und Christian. Der Streit eskaliert, als Thomas erfährt, sein Bruder habe sich in Kreisen der Boheme abfällig dahingehend geäußert, jeder Geschäftsmann sei eigentlich ein Gauner (317). Beide trennen sich, Christian erhält genügend Kapital, um in Hamburg Teilhaber einer Firma werden zu können.

Permaneder nutzt in München Tonys Erbe dazu, sich aus seinem Geschäft zurückzuziehen, um als Privatier zu leben. Ihre Vorstellungen von einem gutbürgerlichen Leben, das sie mit einem strebsamen Ehemann zu führen beabsichtigte, sind gescheitert, da sie Permaneder nicht umzustimmen weiß. Sie selbst ist nicht bereit, ihre Erwartungen zurückzuschrauben. Ihre Lage verschlimmert sich durch den Verlust ihres Kindes, das sie erwartet. Als Tony ihren betrunkenen Ehemann in einer Nacht mit der Köchin im Treppenhaus ertappt, wird sie von ihm unflätig beschimpft; gedemütigt kehrt sie darauf unverzüglich mit Erika nach Lübeck zurück.

Siebter Teil (395–437)

Thomas' Senatorenamt

Thomas bewirbt sich in seiner Heimatstadt zusammen mit seinem Konkurrenten Hagenström um ein frei gewordenes Senatorenamt und erhält die Mehrheit der Stimmen. Mit seinen siebenunddreißig Jahren steht er nun auf dem Höhepunkt seines Erfolges, zumal auch die Geschäfte der Firma Buddenbrook ausgezeichnet laufen. Thomas ist eitel geworden, er pflegt sorgfältig sein Äußeres, um Stärke und Format zu demonstrieren. Dennoch wird er gleichzeitig von Zweifeln befallen, da er ein Nachlassen seiner Spannkraft an sich zu beobachten glaubt.

Im März 1857 beziehen Thomas und Gerda Buddenbrook ein eigenes prächtiges neues Haus, ein sichtbares Zeichen des äußeren Erfolgs. Als ihr Sohn Johann, den man später Hanno ruft, 1861 geboren wird, liegen auf ihm die großen Hoffnungen des Vaters. Johann soll als Stammhalter einmal das Erbe der Firma antreten.

Ein gewichtiges Ereignis tritt im Zusammenhang mit dem Tod der Schwester Clara ein, die im Juli 1864 in Riga an Gehirntuberkulose stirbt: Ihre Mutter überlässt dem Witwer Tiburtius, ohne sich mit Thomas darüber abzustimmen, den Erbteil, der ihrer Tochter zugestanden hätte. Thomas ist bestürzt über die Eigenmächtigkeit, denn hiermit wird dem Getreideunternehmen beträchtliches Kapital entzogen.

Ein Zeichen des geschäftlichen Rückgangs ist der Bankrott eines Frankfurter Handelspartners.

Achter Teil (438–554)

Erika Grünlich, Tonys Tochter, heiratet Hugo Weinschenk, den Direktor einer Feuerversicherung. Tony zieht zu dem jungen Paar, um ihm den Haushalt zu führen. Allerdings wird Weinschenk des Betrugs angeklagt und ein Verfahren angestrebt. Tonys »drittes Glück« ist in Frage gestellt, als ihr Schwiegersohn schließlich zu einer dreieinhalbjährigen Haftstrafe verurteilt wird.

Hanno Buddenbrooks gesundheitliche Probleme

Der häufig kränkliche Hanno vermag sich nicht richtig zu entwickeln und wird von gesundheitlichen Problemen und Angstzuständen geplagt. Schwierigkeiten stellen sich außerdem in der Schule ein. Während der Feier zum hundertjährigen Firmenjubiläum gelingt es dem Jungen nicht, ein Gedicht aufzusagen, was den Vater deprimiert. Auch Thomas ist, erst zweiundvierzig Jahre alt, bereits entkräftet, das Geschäftsleben empfindet er als erbarmungslos.

Sein Unternehmen muss in dieser Zeit Verluste verkraften, obschon die Existenz zu keinem Zeitpunkt in Frage steht. Als Tony ihren Bruder dazu drängt, dem in Schwierigkeiten geratenen Ehemann einer Freundin und damit dem Gut Pöppenrade bei Rostock zu helfen, kauft Thomas zunächst widerwillig, dann bereitwillig im Frühjahr 1868 die Ernte bereits auf dem Halm zu einem günstigen Preis auf. Er erwartet durch diesen ungewöhnlichen und bedenklichen Schritt ein gutes Geschäft. Während der Feierlichkeiten anlässlich des Firmenjubiläums erfährt er Wochen später, dass die gesamte Ernte einem Hagelsturm zum Opfer fiel.

Hanno hat das musikalische Talent seiner Mutter geerbt und fühlt sich immer mehr zu ihrem Geigenspiel hingezogen, weshalb der Organist der Marienkirche, Edmund Pfühl, mit Klavierunterricht für ihn beauftragt wird. Die Musik führt jedoch immer deutlicher zur Entfremdung Hannos von seinem Vater, der mit der Entwicklung des Sohnes nicht einverstanden sein kann. Er ist davon überzeugt, dass seiner Familie das Wesen der Musik fremd sei, was ihm eine Annäherung an seinen Sohn und an seine Frau Gerda schwer macht. Ihm ist, als stünde er vor einem Tempel, von dessen Schwelle ihn Gerda weist, während sie den Tempel mit Hanno betritt.

Hanno hat die äußerliche Schönheit seiner Zähne von seiner Mutter geerbt, aber sie erweisen sich gleichzeitig als weich und empfindlich wie die seines Vaters, weshalb er beim Zahnarzt Brecht häufig Qualen auszustehen hat.

Der Schulunterricht ist dem Jungen weiterhin verhasst, das Verhältnis zu seinen Klassenkameraden getrübt. Allein zu Kai Graf von Mölln fühlt sich Hanno freundschaftlich hingezogen. Beide Jungen, Außenseiter in der Klasse, finden Lust am Dichten. Als Hanno eines Tages in der Familienchronik blättert, stößt er auf den Eintrag mit seinem Namen und dem Geburtsdatum 15. April 1861. Er nimmt eine Feder und ein Lineal zur Hand, um unter seinen Namen sorgfältig einen Strich zu ziehen. Vom Vater aufgebracht zur Rede gestellt, stammelt der Junge, er habe geglaubt, nach ihm käme nichts mehr.

Neunter Teil (555–609)

Die Witwe Elisabeth Buddenbrook erkrankt an einer Lungenentzündung und stirbt qualvoll. Während die alte Konsulin noch in einem Zimmer des Hauses in der Mengstraße aufgebahrt ist, streiten sich nebenan im Beisein von Tony lautstark die Brüder Thomas und Christian. Christian teilt mit, er benötige für sein Leben mehr Geld, denn er beabsichtige, die Schauspielerin Aline Puvogel, Mutter seiner Tochter Gisela, zu heiraten. Aline entspricht jedoch wegen ihres Lebenswandels nicht den Vorstellungen von bürgerlicher Normalität, außerdem hat sie zwei Kinder von anderen Männern mitgebracht. Der Senator droht Christian, ihm vom Erbe nur einen monatlichen Betrag zukommen zu lassen, die Adoption der drei Kinder und die Ehe mit Aline wolle er verhindern. In dem Streitgespräch äußert Thomas, niemals so wie sein Bruder sein zu wollen.

Christians Heiratsabsichten

Das Anwesen in der Mengstraße wird nach dem Tod der Konsulin von dem Makler Gosch erworben und ausgerechnet an den schärfsten Konkurrenten der Getreidefirma Buddenbrook, an Hermann Hagenström weiterverkauft, was eine Demütigung darstellt.

Zehnter Teil (610–693)

Thomas' Kraft ist einer um sich greifenden Erschöpfung gewichen. Die Verödung seines Inneren versucht er vor allem durch seine gepflegte äußere Erscheinung zu kaschieren, denn seine Kleidung sucht Thomas nach einer zeitraubenden und umständlichen Morgentoilette gewissenhaft aus. Sein Dasein gleicht nur noch dem eines Schauspielers. Um sein Leben zu meistern, muss Thomas alle seine Kräfte zusammennehmen.

Verödung von Thomas' Innerm

Da sich seine Frau Gerda am öffentlichen Leben nicht beteiligt und sich oftmals mit Migräne und Nervosität entschuldigt, nimmt Thomas seinen Sohn bei Besuchen mit, zu denen er sich gesellschaftlich verpflichtet fühlt. Doch der Knabe bleibt seinem Vater fremd, und die Versuche, ihn in das Geschäftliche einzuführen, scheitern. Hanno zeigt keinerlei Interesse an dem väterlichen Handelshaus.

In der Schule sind Hannos Schwierigkeiten nicht weniger geworden. Weil er an Anämie leidet, fährt seine Mutter mit ihm im Sommer in das Seebad Travemünde, um so seine Konstitution zu kräftigen und ihm Abstand zum alltäglichen Leben zu ermöglichen. Diese Ferien sind für den Jungen zwar eine Erlösung von seinen Verpflichtungen, allerdings will sich kein Erfolg einstellen.

Nachdem Hugo Weinschenk im Jahr 1873 vorzeitig aus der Haft entlassen ist, geht er als gebrochener Mann nach London mit dem Versprechen, sich zu melden, wenn er seiner Ehefrau und seiner Schwiegermutter eine angemessene Existenz bieten könnte. Sie hören jedoch nichts mehr von ihm. Leutnant von Throta, der in militärischen Kreisen als ein extravaganter und unangenehmer Sonderling gilt und einsame Spaziergänge liebt, fühlt sich zur Musik hingezogen. Häufig erscheint er im Haus Buddenbrook, um mit Gerda zu musizieren. Wegen der zahlreichen Besuche entstehen in der Stadt Gerüchte, von Throta habe ein Verhältnis mit der kühlen, aber sehr schönen Frau Gerda Buddenbrook. Das Verhältnis der beiden würde die Grenzen des Sittsamen überschreiten. Thomas leidet unter dem gemeinsamen Musizieren Gerdas mit von Throta, vermag aber nichts dagegen zu unternehmen. In dieser Situation kommen sich Vater und Sohn aber für einen Moment näher.

Gerdas gemeinsames Musizieren mit Leutnant von Throta

Demgegenüber scheint die Lektüre eines philosophischen Werks Thomas Trost zu bringen, sie konfrontiert den Achtundvierzigjährigen mit religiösen und metaphysischen Fragen, mit dem Wesen des Todes und der Individualität. Eine erlösende Wirkung der Lektüre, die ihn zunächst zur Lebensbejahung hinführt, tritt aber letztendlich, im Alltag, nicht ein. Thomas denkt bald wieder an den Tod und macht sein Testament, in dem er die Auflösung seines Unternehmens verfügt.

Thomas' Schopenhauer-Lektüre

Wegen starker Zahnschmerzen kann er im Januar 1875 nicht an einer Senatssitzung teilnehmen. Der Besuch beim Zahnarzt Brecht bleibt erfolglos, denn es gelingt diesem nicht, den Backenzahn komplett zu ziehen. Die Wurzel bleibt im Kiefer, weshalb die weitere Zahnbehandlung verschoben werden muss. Auf dem Heimweg stürzt Senator Thomas Buddenbrook auf der Straße und schlägt sich das Gesicht auf, sein Pelz wird mit Kot und Schneewasser bespritzt. Ein paar Leute bringen den Gestürzten nach Hause, wo er wenig

Thomas' Tod

später stirbt. Thomas' frühere Geliebte Anna, die inzwischen mit ihrem Mann einen Blumenladen führt, liefert mehrmals am Tag Blumen und verabschiedet sich von dem aufgebahrten Leichnam. Sie scheint neben Tony die einzige Person zu sein, die um Thomas trauert.

Elfter Teil (694–759)

Da das Familienunternehmen aufgelöst werden soll, entstehen geschäftliche Verluste wegen überstürzter und unvorteilhafter Verkäufe. Gerda will sich von dem neuen Haus trennen, um mit Hanno nach Amsterdam zu ziehen. Auf Grund des Widerspruchs von Tony bleiben aber beide in Lübeck wohnen, das Haus der Buddenbrooks wird verkauft. Ida Jungmann, die von Anfang an in der Familie gelebt und die Kinder erzogen hat, wird entlassen und kehrt in ihre Heimat zurück.

Christians Ehe mit Aline Puvogel

Christians Ehe mit Aline Puvogel steht nun nichts mehr im Wege und beide ziehen nach Hamburg. Später veranlasst Aline jedoch, den an Wahnideen leidenden Christian in eine Anstalt einzuweisen, um ihren Lebenswandel weiter pflegen zu können.

Hannos Schulerlebnis

Für Hanno bleibt die Schule weiterhin ein ernstes Problem. In dem nach außen hin repräsentativen Schulgebäude herrscht preußischer Drill. Die Lehrer sind pädagogisch unfähig, ihre Tätigkeit reduziert sich weitgehend auf das Überwachen und Disziplinieren. Ein Teil des Kollegiums ist harmlos, diese Lehrer erweisen sich als Versager, die anderen repräsentieren das autoritäre System. Ihre Prüfungsrituale verfolgen das Ziel, die Schüler hereinzulegen. Der Unterricht erzeugt Angst oder Langeweile und erzieht zum Täuschen. Hanno empfindet Widerwillen, Abscheu und Furcht. In ihm wächst die Todessehnsucht. Im Alter von sechzehn Jahren stirbt er schließlich 1877 an Typhus. Ein halbes Jahr später kehrt Gerda Buddenbrook nach Amsterdam zurück, während Tony in Lübeck bleibt.

Hanno stirbt an Typhus

3. Personen

Johann Buddenbrook (der Ältere) ist Großkaufmann in der Hansestadt Lübeck und besitzt einen Getreidehandel. Ihm verdankt die Familie Buddenbrook ihren Reichtum, hatte er es doch als Getreidehändler und Lieferant des preußischen Heeres zu enormem Wohlstand gebracht.

In erster Ehe war er verheiratet mit der von ihm sehr geliebten Josephine, die aber bei der Geburt des Sohnes Gotthold starb, weshalb der Vater seinen ältesten Sohn als den »ruchlosen Zerstörer seines Glückes« ansah (55). Seine zweite Frau Antoinette, geborene Duchamps, ehelichte er aus Vernunftgründen. Ihren Sohn ließen sie auf den Vornamen des Vaters taufen, er wird aber Jean genannt.

Als die Romanhandlung im Jahr 1835 einsetzt, ist Johann Buddenbrook senior siebzig Jahre alt. Mit seiner Selbstbewusst- und Aufgeklärtheit ist er ein typischer Vertreter des Großbürgertums im späten 18. Jahrhundert, ein talentierter und dynamischer Kaufmann, dem alles, was er nicht durch Vernunft erfassen und erklären kann, fremd ist. Deshalb sieht er die Religiosität im Gegensatz zu den anderen Familienmitgliedern als eine Äußerlichkeit an. Obwohl Johann oft französische Floskeln als Einsprengsel verwendet, ist seine Sprache geprägt vom niederdeutschen und hochdeutschen Idiom. Napoleon und der bürgerlich-konstitutionellen Juli-Monarchie in Frankreich gilt seine politische Sympathie. Aber trotz seines fortschrittlichen und demokratischen Denkens bleibt seine Innenwelt vom konservativen Patriziertum geprägt. Bevor er siebenundsiebzigjährig 1842 stirbt, legte er die Firma in die Hände von Jean.

Dieses patriarchalische Familienoberhaupt ähnelt dem Urgroßvater des Autors, Johann Siegmund Mann (1761–1848), der seinem Sohn den Leitspruch der Familie weitergab: »Mein Sohn, arbeite gerne am Tage, aber mache auch nur solche Geschäfte, daß wir die Nächte ruhig schlafen können.«[1] Diese Maxime greift der Autor als Motiv in *Buddenbrooks* auf.

Antoinette Buddenbrook, geb. Duchamps, die zweite Frau von Johann Buddenbrook dem Älteren, stammt aus einer Hamburger Familie. Sie stirbt ebenso wie ihr Mann im Jahr 1842.

Johann Buddenbrook jun. (genannt **Jean**) ist Johanns und Antoinettes Sohn aus zweiter Ehe. Als Kaufmann erbt er die Getreidefirma seines Vaters. Sein Tätigkeitsfeld erstreckt sich auch auf das Gebiet der Politik: In der Freien Hansestadt Lübeck bekleidet Jean das Amt eines Konsuls.

Jeans Geburtsjahr lässt sich aus dem Roman nicht genau entnehmen, um Ostern 1842 ist er Mitte vierzig. Er altert früh und stirbt im September des Jahres 1855. »Er hatte die ein wenig tief liegenden, blauen und aufmerksamen Augen seiner Vaters« (9), seine Gesichtszüge sind ernst, seine Religiosität ist geprägt vom strengen Puritanismus, was sich besonders in seiner Sparsamkeit und der Maxime zeigt, das Individuum habe sich allgemeinen Pflichten unterzuordnen. Selbst bezeichnet er sich als einen christlichen Menschen, »als Mensch von religiösem Empfinden« (27). Dass sich dieser nüchterne Geschäftsmann von Äußerlichkeiten blenden lässt, zeigt sich bei der Auswahl des Schwiegersohnes Grünlich für die Tochter Tony. Hierbei wird deutlich, dass persönliche Bedürfnisse für ihn keine Rolle spielen, weshalb er die Empfindungen der Tochter zugunsten materieller Erwägungen nicht beachtet. Nach dem Scheitern von Tonys Ehe bereut er seinen Schritt zwar aufrichtig, ist sich aber gleichwohl keiner Schuld bewusst (216).

Bei seiner Heirat mit **Elisabeth Kröger** (genannt **Bethsy**), standen geschäftliche Interessen im Vordergrund, winkte der Firma doch eine »stattliche Mitgift«. Jean verehrt dennoch seine Frau Bethsy »als die ihm von Gott vertraute Gefährtin« (54). Nach dem Tod des Ehemanns verstärkt sich bei der Witwe ihr religiöses Empfinden. Tischgebete waren im Haus Buddenbrook immer schon üblich gewesen, aber die alternde Frau setzt die Sitte durch, morgens und abends mit der Familie und den Dienstboten einen Bibelabschnitt zu lesen sowie Pastoren und Missionare zu »gottgefälligen Gesprächen« (241) ins Haus einzuladen.

Aus der Ehe gehen vier Kinder hervor: Thomas, Antonie, genannt Tony, Christian und Clara.

Thomas Buddenbrook, ältester Sohn von Johann Buddenbrook junior, ist die eigentliche Hauptfigur des Romans. Er wird bereits zu Beginn des Romans als Neunjähriger mit seinen jüngeren Geschwistern Tony und Christian und dem Hinweis vorgestellt, er habe keine schönen Zähne, ähnele aber »in den Augen und der Gesichtsform stark seinem Großvater« (16).

Ein Freund der Familie fällt am Anfang des Romans das treffende Urteil, der Knabe solle ohne Zweifel Kaufmann werden. Im Vergleich zum Bruder Christian, den man als launenhaft und als »Tausendsassa« bezeichnet (15), legt

Thomas ein angenehmes Benehmen an den Tag. Mit seinem herzlichen Lachen zeigt er Sympathie und eine erfrischende Munterkeit.

Zwei Seiten seines Charakters bilden einen unlösbaren Zwiespalt: Einerseits repräsentiert Thomas nach außen als engagierter und intelligenter Geschäftsmann die Firma und als vernunftbetonte Politikerpersönlichkeit – Thomas Buddenbrook wird Senator – die Hansestadt Lübeck, andererseits wachsen sich mangelndes Selbstvertrauen und eine Depression aus, die in seinem Inneren zu einem von Kraftlosigkeit geprägten Erschöpfungszustand führen. Gegen Ende seines Lebens treiben ihn Zweifel und Bedenken, die ihn daran hindern, seine bürgerliche Existenz mit seiner psychischen Beschaffenheit in Übereinstimmung zu bringen. In seinen letzten Jahren leidet der Konsul an Erschöpfungserscheinungen und reizbarer Nervosität.

Prekär entwickelt sich auch das Verhältnis zu seiner Frau Gerda und dem geliebten Sohn Hanno. So leidet er unter Eifersuchtsgefühlen, als er wahrnimmt, wie vertraulich Gerda mit einem Leutnant in seinem Hause musiziert. Die Erwartungen, die er in seinen Sohn setzt, vermag dieser nicht zu erfüllen, was eine zunehmende Entfremdung zur Folge hat.

Thomas nimmt in späteren Jahren immer deutlicher die Rolle eines Schauspielers ein, der in der Öffentlichkeit sein Ansehen durch das Tragen einer Charaktermaske aufrecht zu halten weiß. Er legt deshalb übersteigerten Wert auf sein Äußeres, während seine Kraft nachlässt und seine Seele leidet. Trotz innerer Verödung versucht Thomas den äußeren Schein von Entschlossenheit aufrechtzuerhalten und seine Hinfälligkeit zu verbergen.

Gegen Ende des Romans wird der Leser mit Thomas' inneren Erlebnissen konfrontiert. Sein metaphysisches Bedürfnis angesichts der sich entwickelnden Todesgedanken und seine Suche nach Tröstung verstärken sich immer mehr und führen zur intensiven Lektüre eines philosophischen Textes, der ihn sehr ergreift. Aus der hier thematisierten Auseinandersetzung mit dem Tod als Befreiung entwickelt sich bei Thomas jedoch eine starke Lebensbejahung: »Ich werde leben!«, und er schwört »sich einen teuren Eid, dies ungeheure Glück niemals fahren zu lassen«, obwohl ihm sogleich die Unausführbarkeit dieses Vorsatzes bewusst wird (659). Von seiner Entschlusskraft bleibt am Ende nichts übrig.
Nach einer misslungenen Zahnbehandlung bricht er später auf einer verschmutzten Straße zusammen. Auf dem Höhepunkt seiner politischen Laufbahn stirbt der Senator Thomas Buddenbrook kurz darauf im Alter von neunundvierzig Jahren an den Folgen einer Zahnentzündung.

Für die Figur des Thomas Buddenbrook stand dem Autor der eigene Vater als Vorbild vor Augen. So zeigt Thomas große Ähnlichkeiten mit Thomas Johannes Heinrich Mann, der im Alter von dreiundzwanzig Jahren die väterliche Getreidefirma übernahm und in Lübeck ebenfalls eine erfolgreiche politische Laufbahn einschlug. Nach seiner Wahl in die Bürgerschaft und den Senat der Stadt bekleidete der Vater, wie auch die literarische Figur, als geschätzter und populärer Politiker den angesehenen und einflussreichen Posten des stellvertretenden Bürgermeisters. Mit seiner Gattin Julia da Silva Bruhns hatte Thomas Johannes Heinrich Mann drei Söhne, Heinrich, Thomas und Viktor, sowie die beiden Töchter Julia und Carla. Vor seinem Tod im Jahr

1891 legte er wie auch die Romanfigur Thomas Buddenbrook im Testament die Liquidation des traditionsreichen Betriebs fest.

Christian Buddenbrook, zweiter Sohn von Johann Buddenbrook jun. und Bruder von Thomas, wird 1828 geboren.

Christian wird schon zu Beginn des Romans als »Tausendsassa« bezeichnet, als sprachgewandt, witzig und »brillant veranlagt« (15). Seine Schwäche für das Theater sowie sein Hang zu einem unbürgerlichen Leben sind schon früh ausgeprägt. Ihm gelingt es aber nicht, vollends in den Bereich des Künstlertums hinüberzuwechseln. Mit seinem spielerischen und parodistischen Talent bleibt er als Künstler ein Dilettant, der zur Selbstbeobachtung und Hypochondrie neigt.

Christian vermag in seinem Leben nicht die konventionellen bürgerlichen und kaufmännischen Pflichten und Werte zu repräsentieren. Ihm fehlen Ausdauer und Ernsthaftigkeit im privaten und beruflichen Bereich. Nach Abschluss der Schulzeit zeigt er wenig geschäftliches Interesse, wird aber nach seiner Lehre in London in einen Betrieb nach Chile versetzt, was seinem Hang zum Abenteuer entgegenkommt.

Nach dem Tod des Vaters nach Lübeck zurückgekehrt, fällt der Unterschied in der Lebenseinstellung zu seinem Bruder deutlich auf: Christian spielt sein Redetalent mit dem Erzählen von Anekdoten aus seiner Zeit im Ausland aus, zeigt auch seine Neigung zur Egozentrik und Hypochondrie. Wegen mangelndem geschäftlichem Eifer muss er sich aus der Firma des Bruders zurückziehen. Schließlich geht er eine intime Verbindung mit der Schauspielerin

Aline Puvogel ein, die ihn, um ihre Freiheit genießen zu können, finanziell ausnutzt. Wegen seiner depressiven Neigung lässt ihn Aline später in einer psychiatrischen Anstalt verschwinden. Hier manifestiert sich vollends Christians Scheitern als bürgerliche Existenz.

Am Schluss zeigt sich jedoch, dass sich die beiden Brüder trotz der Verschiedenheit in ihrer Lebenseinstellung durchaus ähneln.

Die Romanfigur Christian zeigt Züge des Bruders Heinrich Mann. Christian ähnelt jedoch auch sehr Thomas Manns Onkel Friedel, ebenfalls ein Hypochonder und familiärer Außenseiter. Onkel Friedel beschwerte sich 1913 öffentlich in einer Zeitungsanzeige, Thomas Mann habe ihn karikiert dargestellt und damit »sein eigenes Nest« beschmutzt.

Antonie Buddenbrook (genannt **Tony**), ältere Tochter von Johann Buddenbrook jun., ist ebenfalls keine eigentliche Hauptperson, obwohl sie in der gesamten Romanhandlung präsent ist und diese wesentlich mitbestimmt. Tony ist eine attraktive, liebenswürdige und einnehmende Persönlichkeit mit gelocktem blondem Haar, einem frischen Gesicht und munteren graublauen Augen. In den für sie oftmals schwierigen Lebenssituationen zeigt sie eine enorme Lebenszuversicht. Ihre Liebe zu dem Medizinstudenten Morten Schwarzkopf bleibt unerfüllt, weil ihr Vater sie bittet, nicht »mit Trotz und Flattersinn« die eigenen »unordentlichen Pfade zu gehen« (147). Sie verzichtet gehorsam auf Morten und heiratet, weil der Vater es von ihr erwartet, Bendix Grünlich, obwohl dieser sie anwidert. Diese Ehe scheitert, zusammen mit der Tochter Erika zieht Tony wieder zur Familie nach Lübeck.

Die zweite Ehe schließt sie mit Alois Permaneder, einem korpulenten und lauten Hopfenhändler aus Bayern, der es vorzieht, anstatt zu arbeiten, sich vom Geschäftsleben zu verabschieden und als Privatier zu leben. Im Gegensatz zu Grünlich ist Permaneder zwar durchaus Charakter eigen. Als Tony ihren betrunkenen Gatten aber in einer eindeutigen Situation mit der Köchin überrascht und er ihr ein unflätiges Wort an den Kopf wirft, lässt sie sich scheiden. Ihr gemeinsames Kind stirbt bei der Geburt.

In ihrem Verhalten nach der Ehe zeigt sich Tonys Selbstgefälligkeit: »Tony besaß die schöne Gabe, sich jeder Lebenslage mit Talent, Gewandtheit und lebhafter Freude am Neuen anzupassen. Sie gefiel sich bald in ihrer Rolle als eine von unverschuldetem Unglück heimgesuchte Frau« (231).

Aus ihren Erfahrungen hat Tony wegen ihrer Unfähigkeit zur Reflexion nichts gelernt. Tony ist auf der einen Seite kindlich und naiv, zuweilen auch töricht, auf der anderen Seite bemüht sie sich, aristokratisch, selbstbewusst und selbstsicher aufzutreten. Ihr Bruder Thomas charakterisiert sie am Ende des Romans als ein glückliches Geschöpf. »Alles, jedes Glück und jeden Kummer, hatte sie in einer Flut von banalen und kindisch wichtigen Worten [...] wieder von sich gegeben« (670 f.).

Trotz des Verfalls der Familie behält Tony den Kopf oben. Die Tradition der Buddenbrooks schätzt sie hoch ein, und ihren Bruder Thomas verehrt sie, weshalb sie es als ihre Bestimmung sieht, das Ansehen und den gesellschaftlichen Status der Patrizierfamilie hochzuhalten. Am Ende bleibt sie als letzte Vertreterin der Familie Buddenbrook übrig.

Als Vorbild für Tony wählte der Autor seine Tante Elisabeth, die ebenfalls zweimal verheiratet war und sich jeweils mit der Begründung scheiden ließ, ihr Ehemann sei nicht in der Lage, eine Familie zu ernähren.

Gerda Buddenbrook, geb. Arnoldsen, wird Gattin von Thomas Buddenbrook. Bereits zu Beginn des Romans tritt sie als junge Frau auf, die zusammen mit Tony Buddenbrook im Pensionat in Lübeck wohnt. Ihre Schönheit, ihr schweres, dunkelrotes, prachtvolles Haar, das sie auffallend zu frisieren weiß, und die nahe beieinander liegenden braunen Augen werden mehrmals beschrieben. Gerda hat von Anfang an etwas Fremdes und Ausländisches an sich (87), und ihr weißes, schönes Gesicht drückt Hochmut aus (86). Ihre breiten weißen gesunden Zähne stehen in einem Gegensatz zu den schlechten Zähnen ihres späteren Mannes und Sohnes.

Als Braut von Thomas, der in Amsterdam um ihre Hand anhält, ist sie siebenundzwanzig Jahre alt; sie wird als elegante Persönlichkeit mit stolzer Anmut geschildert. Obwohl Ehefrau der Hauptperson, tritt sie im Handlungsverlauf nicht deutlich in Erscheinung, da sie es vorzieht, sich vom öffentlichen Leben zurückzuziehen. Ihre Teilnahme am Familienleben ist auf wenige repräsentative Aufgaben beschränkt. Einzig auf dem Gebiet der Musik zeigt Gerda Interesse und überwindet die Kälte. Sie liebt ihr Geigenspiel, an dem auch ihr Sohn Hanno teilhat.

Die schlichte Phantasie der Lübecker führt zu der Annahme, die schöne Gerda würde ihren alternden Mann betrügen und die Grenzen des Anstands überschreiten. Dass Leutnant von Throta an ihrem Geigenspiel teilhat, macht Thomas eifersüchtig, ob aber Gerda ihren Ehemann betrügt, lässt sich aus der Handlung nicht entnehmen.

Als Thomas stirbt, sind sich die Ehepartner weitgehend fremd geworden.

Der Erzähler rückt Gerda in die Nähe der mythologischen Figur Melusine (295), einer Meerfee, die in ihr Geisterreich zurückkehrt, nachdem sie ihrem Gatten den gemeinsamen Sohn entfremdet hat. Gerda erreicht diese Entfremdung mittels der Musik Wagners.

Was das Äußere und die Musikalität Gerdas betrifft, zeigen sich Ähnlichkeiten zur Mutter des Autors, Julia da Silva Bruhns, deren Schönheit und Sinnlichkeit, aber auch Exotik gerühmt wurden. Wie Gerda fühlte sich auch Thomas' Mutter zur Musik hingezogen und beeindruckte ihre Familie mit Klavierspiel und gesanglich mit einem enormen Lied-Repertoire.

Johann Buddenbrook (genannt **Hanno**), einziger Sohn von Thomas und Gerda Buddenbrook, wird auf den Namen des Urgroßvaters und Großvaters getauft, ein sinnbildlicher Hinweis, er möge die Familientradition bewahren. Hanno ist der lang ersehnte »Stammhalter« (396); mit seinem frühen Tod im Alter von nur fünfzehn Jahren endet die Familiendynastie. Nach einer schweren Geburt vermag sich der schwache Junge nur langsam zu entwickeln, nur schwer überwindet er später eigentlich leichte Krankheiten. In den ersten Monaten gefährdet eine schwere Zahnentzündung sein Leben, während seiner Grundschulzeit leidet der Junge unter Schlafstörungen, seine Zähne bereiten ihm später ebenso Schwierigkeiten wie sein Magen.

Hanno ist ein schlankgliedriger und übersensibler schwächlicher Junge, ängstlich und träumerisch veranlagt, der sich zurückzieht und sich der Musik, einer Ge-

genwelt zum schulischen Alltag, zuwendet. Die Schule ist für ihn zum Überlebenskampf geworden.
Die strengen Erwartungen des Vaters kann Hanno nicht erfüllen, was zu einer offenen Verweigerungshaltung führt. Hier zeigt sich auch seine Kommunikationsunfähigkeit, denn er ist nicht einmal in der Lage, ein im Auftrag des Vaters gelerntes Gedicht zu rezitieren.

»Familienähnlichkeiten« kommen schon früh bei Hanno zur Ausprägung. Hände und Nase hat er von der väterlichen Seite geerbt, während das »ganze längliche und schmale Untergesicht« aus der mütterlichen Familie stammt (423). Schon sein Äußeres macht Hanno zum Außenseiter, trägt er doch schulterlanges hellblondes und sehr weiches Haar, und mit seinen auffallenden »langen, braunen Wimpern und seinen goldbraunen Augen« sticht Johann Buddenbrook »ein wenig fremdartig« unter seinen blonden und blauäugigen Kameraden hervor (620). Er ist sich seiner Besonderheit bewusst, worunter er leidet. In der Schule kommt er »mit seiner oft schwerfälligen Auffassung, seiner träumerischen Unaufmerksamkeit und seiner körperlichen Zartheit« nur schwer mit, körperlichen Auseinandersetzungen geht er gern aus dem Weg. Die Musik ist für den Jungen die einzige Beschäftigung, die ihm Befriedigung gewährt, die aber gleichzeitig zur Entfremdung von seinem Vater beiträgt.
Mit seinen Mitschülern verbindet ihn wenig, allein mit Kai, ebenfalls ein Außenseiter, schließt er Freundschaft. In einem Gespräch mit diesem Freund äußert der Knabe seine Todessehnsucht: »Ich möchte schlafen und nichts mehr wissen. Ich möchte sterben, Kai!« (743). Die wenig später eintretende Typhuserkrankung übersteht Hanno

nicht, weil der Fünfzehnjährige keine Bereitschaft zum Leben zeigt.

Die Romanfigur Hanno trägt viele Züge des Autors selbst: Beide, künstlerisch veranlagt, verachten den Schulbetrieb und werden den »Anforderungen des Lebens« nicht gerecht. Die alljährlichen Sommerferien in Travemünde mit dem Strand und dem Badevergnügen, aber auch mit den nachmittäglichen Kurkonzerten, bilden für beide ein faszinierendes Gegengewicht zum schulischen Alltag. Es ist vor allem Thomas Manns Liebe zur Kunst, speziell zur Musik Richard Wagners, die Hanno mit dem Autor teilt. Wie Hanno pflegte Thomas Mann am Klavier im Wagnerstil zu improvisieren.[2]

Sprechende Namen

Die **Nebenfiguren** stellt der Erzähler zumeist als farblos dar und charakterisiert sie ironisch. Oftmals bleiben sie lediglich Randfiguren und tragen dann häufig **sprechende Namen**, um charakteristische Merkmale und Eigenheiten der Persönlichkeit hervorzuheben. Der Name von Mamsell Bitterlich kündet von ihrem glanzlosen und mühsamen Dasein, während Ida »Jungmann« Frische und Jugendlichkeit andeutet. Der Name Brecht weist auf die Tätigkeit als Zahnarzt hin, und die Namen der Lehrer beziehen sich auf das brutale und widerwärtige Schulsystem. Zahlreiche Nebenpersonen treten nur in bestimmten Phasen der Romanhandlung in den familiären Kreis.

Clara Buddenbrook, jüngere Tochter von Johann Buddenbrook jun., zeigt gegenüber dem Leben eine von ihrer Religiosität überdeckte Hilflosigkeit. Sie stirbt kurz nach ihrer Heirat mit Pfarrer Tiburtius sechsundzwanzigjährig in Riga an Gehirntuberkulose.

Morten Schwarzkopf, Sohn eines Lotsenkommandeurs aus Travemünde, studiert in Göttingen Medizin und lernt Tony kennen, die in seinem Elternhaus Urlaub macht. Morten ist eine Kontrastfigur zu Tonys Bruder Thomas, was sich an dessen ungewöhnlich gut geformten Zähnen zeigt, die als spiegelnd blank wie poliertes Elfenbein beschrieben werden (120). Gegenüber Tony äußert Morten seine zukunftsweisenden, fortschrittlichen Ansichten, die sich von dem traditionellen Gesellschaftssystem, das die Familie Buddenbrook repräsentiert, abgrenzt. Der Student ist Mitglied einer von den Demagogenverfolgungen bedrohten Burschenschaft. Als Lektüre empfiehlt Morten radikale Zeitungen wie die *Rheinische Zeitung*, deren Redaktion Karl Marx angehörte, und vertritt die Notwendigkeit einer Verfassungsänderung sowie einer Veränderung der gesellschaftlichen Ordnung schlechthin.

Bendix Grünlich wird als Hamburger Geschäftsmann vom Konsul und dessen Frau als Ehemann für die Tochter Tony und als Schwiegersohn ausgesucht, weil sich die Familie geschäftliche Vorteile aus der Ehe verspricht. Außerdem erfüllt Grünlich mit seinem christlichen Gehabe diesbezügliche Erwartungen in der Familie. Die äußere Gestalt Grünlichs ist wenig einnehmend, weshalb er diesen Mangel mit einem hochgestochenen »eleganten« Auftreten, mit seiner Gestik und Rhetorik und einem unterwürfigen Verhalten überspielt. Grünlich scheitert sowohl als Ehemann als auch im geschäftlichen Bereich durch Unlauterkeit und Betrügereien. Als er am Ende seine Maske fallen lässt und sein falsches Spiel auffliegt, zeigt sich sein eiskalter, falscher Charakter. Tony verlässt ihn mit ihrer Tochter, als sie davon überzeugt ist, Grünlich habe sie lediglich wegen des Vermögens ihrer Familie geheiratet.

Alois Permaneder wird der zweite Ehemann von Tony. Thomas Mann hat diese Figur nach einer Karikatur aus dem *Simplicissimus* gestaltet. Der bayrische Hopfenhändler passt mit seiner unförmigen Gestalt, seiner vom bayrischen Dialekt geprägten Sprache und seinem unkomplizierten Verhalten eigentlich nicht in die Familie Buddenbrook. Tony hat ihn geheiratet, weil er sich wegen seiner Gutmütigkeit und Ehrlichkeit von Grünlich unterscheidet. Sein Streben ist es nicht, Geld anzuhäufen, sondern das Leben zu genießen, weshalb er auch beschließt, seinen Beruf aufzugeben und als Privatier zu leben. Die Ehe scheitert schließlich, weil er gegenüber Tony in alkoholisiertem Zustand ein unflätiges Wort benutzt, das sie ebenso beleidigt wie sein Versuch, sich einer Bediensteten unzüchtig zu nähern.

Anna, ein einfaches Ladenmädchen, das Blumen verkauft, ist Thomas' Geliebte, mit der er eine glückliche Zeit verbracht hat. Anna ist »wunderbar hübsch«, »zart wie eine Gazelle« (166). Ihr Name, von hebräischer Herkunft, bedeutet ›Huld‹, ›Gnade‹. Das Mädchen strömt Wärme aus und sorgt sich um Thomas' Wohlergehen. Dieser löst die Verbindung aus gesellschaftlichen Gründen auf, was auch Anna wie selbstverständlich anerkennt. Indirekt bleibt die Verbindung bestehen: Gegenüber Annas Blumenladen baut Thomas sein neues Haus, sie flicht die »mächtige Richtkrone aus Rosen, grünem Laub und bunten Bändern« (425), sie ist es, die ihn in der Öffentlichkeit verteidigt. Anna bringt schließlich das Blumengebinde für Thomas' Beerdigung und bittet darum, am offenen Sarg Abschied nehmen zu dürfen (690).

Aline Puvogel wird von Christian aus Hang zum Antibürgerlichen zur Ehefrau gewählt. Während Christian sich als erfolgloser, kränklicher Mann erweist, zeigt Aline Lebenskraft und Erfolgswillen. Sie ist eine Lebedame, steht außerhalb der guten bürgerlichen Gesellschaft und unterscheidet sich somit völlig von den Buddenbrooks. Aline verfolgt rücksichtslos und eigennützig das Ziel, aus ihrer Ehe möglichst viel Nutzen zu ziehen, was ihr auch dadurch gelingt, dass sie Christian in eine Anstalt wegsperren lässt, um ihrem früheren Lebenswandel wieder nachgehen zu können.

Therese (Sesemi) Weichbrodt, die im 7. Kapitel des 2. Romanteils auftritt, leitet eine Pension, in die Tonys Eltern das fünfzehnjährige Mädchen geben. Sesemi, zu diesem Zeitpunkt einundvierzig Jahre alt, kleidet sich wie eine alte Dame. Sie ist von buckeliger Gestalt und nicht höher als ein Tisch. In ihrer »geringen Figur« und in ihren Bewegungen liegt »ein Nachdruck, der zwar possierlich, aber durchaus respektbietend« wirkt (83).

Sesemi ist die letzte Person, die am Ende des Romans zu Wort kommt. Die sich zwanzig Mal wiederholende Eingangsfrage »Was ist das« (7) greift sie etwa 750 Seiten später wieder auf und antwortet nach dem Tod Hannos mit »*Es ist so!*«. Sie spricht ihre Worte mit »ihrer ganzen Kraft« aus und blickt alle herausfordernd an. »Sie stand da, eine Siegerin in dem guten Streite, den sie während der Zeit ihres Lebens […] geführt hatte, bucklig, winzig und bebend vor Überzeugung« (759).

4. Werkaufbau

Erzählte Zeit

Die elf Teile des Romans, die unterschiedlich umfangreiche **Zeitabschnitte** umfassen, werden jeweils durch Kapitel unterteilt. Die erzählte Zeit erstreckt sich über einen Zeitraum von zweiundvierzig Jahren, von Herbst 1835 bis Herbst 1877; kürzere Rückblicke greifen allerdings über das Jahr 1835 zurück und holen meist ein Erlebnis aus der Vergangenheit hervor, um etwas Gegenwärtiges zu verdeutlichen. Vorausdeutungen finden durch den anonymen Erzähler nicht statt, aber auf der symbolischen Ebene weist er auf Zukünftiges hin. Der Erzähler widmet sich detailfreudig einzelnen Zeitabschnitten, den Ereignissen im Leben der Familienmitglieder sowie den Beschreibungen, beispielsweise der Räumlichkeiten, während er andererseits ganze Zeitabschnitte vernachlässigt, was die Erzählzeit erheblich verkürzt. Präzise Angaben über das Jahr, die Jahreszeit, den Monat, den Wochentag, gelegentlich auch über die genaue Uhrzeit, veranschaulichen den chronologischen Handlungsverlauf. Chronologisch wird die Aufeinanderfolge der vier Generationen der Familie Buddenbrook sowie die durch sie repräsentierte Entwicklung eines halben Jahrhunderts erzählt, wobei der Erzähler mehrmals mit dem Tod eines Generationsvertreters eine Periodisierung vornimmt und einen Endpunkt setzt.

Erzählzeit

Chronologischer Handlungsverlauf

Historische Ereignisse

Historische Ereignisse markieren zusätzlich den zeitlichen Rahmen und geben dem Leser eine Orientierung. So erinnert man sich in der Familie zu Beginn der Handlung im Jahr 1835 an die Schrecken der napoleonischen Besetzung des neutralen Lübecks nach der Niederlage Preußens bei Jena und Auerstedt im Jahr 1806 (24). Der Zollverein, für den sich der alte Buddenbrook begeistern konnte, wurde 1834 gegründet (39). Die revolutionären Ereignisse des Jahres 1848 (130–196) nehmen einen breiten Raum ein. Konsul Jean Buddenbrook hält seine wirkungsvolle Rede vor protestierenden Arbeitern, während sein Schwiegervater Lebrecht Kröger sich über die Ausschreitungen der randalierenden »Canaille« so erregt, dass er einen Infarkt erleidet und stirbt. Die Schleswig-Holstein-Frage (358) bleibt ebenso wenig unangesprochen wie der Deutsch-Dänische Krieg von 1865 und der Preußisch-Österreichische von 1866 (436). Außerdem sind die Veränderungen in Folge des Krieges gegen Frankreich von 1870/71 genauso Thema der Unterhaltung (558) wie Lehrer Drägemüllers Furcht vor der Sozialdemokratie kurz vor der Verabschiedung der Sozialistengesetze 1878 (746).

Topographie

Thomas Mann zeichnet in seinem Roman auch ein Bild von einer nicht beim Namen genannten Handelsstadt mit seinen Menschen, den städtischen Einrichtungen, Geschäften und Gebäuden. Die **Topographie** dieser epischen Welt verweist auf Lübeck. Der Leser wird mit dem Stadtbild, der lokalen Sprache und Tradition sowie mit einzelnen Straßen und Gebäuden bekannt gemacht. Travemünde, das zu Lübeck gehörende Seebad mit Hafen, ist in die Handlung integriert und namentlich genannt. Um diese räumliche Geschlossenheit zu wahren, verhält es sich mit der Beschreibung von anderen Orten anders, denn über Hamburg, München, Amsterdam erfährt der Leser nur indirekt etwas.

Auch an Christians beruflicher Tätigkeit in London und Südamerika hat der Leser keinen direkten Anteil.

Gesellschaftliches Milieu

Soziologisch gesehen gehören die verschiedenen Generationen zur Familie Buddenbrook, aber auch deren Bedienstete. Der Erzähler gibt darüber hinaus auch einen Einblick in den bürgerlichen Freundeskreis.

Die Familienmitglieder leben und sterben in dem Familien- und Geschäftshaus in der Mengstraße und in dem neu errichteten Haus in der Fischergrube.

Differenzierte Themenführung

Geschlossener Rahmen

Nicht allein die Totalität des familiären und städtischen Lebens macht den Gehalt des realistischen Romans aus, sondern die Gestaltung von charakteristischen, bedeutsamen Ereignissen und Schicksalen sowie die Formung eines Prozesses; Auslegung und Sinngebung von Welt geschieht durch eine **differenzierte Themenführung**, durch Verdichtung, Strukturierung und Einbeziehung verschiedener, auch symbolischer Aspekte, wobei der Entwicklung von Leitmotiven eine besondere Rolle zukommt.

Anfang und Ende des Romans, szenisch gestaltet, bilden einen **geschlossenen Rahmen**. Das Eingangskapitel, geprägt durch eine Szene im Familienleben der Buddenbrooks und deren gesellschaftlicher Konversation, veranschaulicht den kaufmännischen Erfolg der Familie und nimmt bedeutende Themen vorweg. Ein Hinweis auf den Kauf und den Einzug in das Haus in der Mengstraße verdeutlicht die Situation. Dem steht am Ende des familiären Verfallsprozesses der Verkauf des Hauses und die Auflösung der Firma gegenüber. Während in der Eingangsszene Mitglieder der drei Generationen der Familie fröhlich zusammensitzen, bleibt am

Ende eine Gruppe von acht schwarz gekleideten Frauen übrig, die den Tod des letzten männlichen Familienmitglieds betrauern. Die Eingangssentenz aus dem Katechismus »Was ist das. – Was – ist das …« (7) korrespondiert mit der Glaubenszuversicht des »*Es ist so!*« (759) in den letzten Zeilen des Romans und bettet das gesamte Geschehen, das zum schicksalhaften Verfall der Familie führt, ein.

Leitmotive

Die Verwendung von **Leitmotiven**, die gezielte Wiederkehr von sprachlichen oder inhaltlichen Formeinheiten in verschiedenen Sinnzusammenhängen, prägt maßgeblich die Konzeption der umfangreichen Romanhandlung. Thomas Mann hat dieses Prinzip aus der Musik als ein episches Verfahren übernommen. Richard Wagner hatte im *Ring* Motive so gestaltet, dass sie als Varianten das ganze Werk durchziehen und immer präsent sind. Der Romanleser kann sich dank der leitmotivischen Gestaltung an Dinge und Situationen erinnern, die den Handlungsstrang zusammenhalten, wobei die Wiederkehr eines Motivs nicht als dessen Wiederholung auftritt, sondern Beziehungen herstellt. Diese Leitmotive haben Hinweischarakter, sie verweisen auf übergreifende Zusammenhänge und stellen Bezüge innerhalb der Romanhandlung her. Der Leser vermag die zunächst isoliert auftretenden Motive, wie zum Beispiel Merkmale von Personen, in dieser umfassenden Funktion dann zu realisieren, wenn sie mehrmals – als Leitmotiv – auftreten.

Zahn-Motiv

Dem **Zahn-Motiv** kommt in *Buddenbrooks* eine besondere Bedeutung zu. Die beiden letzten Vertreter der männlichen Linie der Familie leiden unter ihren schlechten Zähnen, die als Zeichen einer vergehenden Lebenskraft anzusehen sind.

Gleich zu Beginn der Romanhandlung verweist der Erzähler auf die Zähne des neunjährigen Thomas, die er als »nicht besonders schön, sondern klein und gelblich« schildert (16). Im weiteren Handlungsverlauf wird klar, dass hier schon ein Hinweis auf Thomas' gesundheitlichen Zusammenbruch und Tod gegeben ist, der sich gegen Ende der Handlung unmittelbar nach einem Besuch beim Zahnarzt ereignet: »Senator Buddenbrook war an einem Zahne gestorben, hieß es in der Stadt. Aber, zum Donnerwetter, daran starb man doch nicht!« (689).

»Zähne« stehen nicht nur für die Nahrungsaufnahme, sondern auch für die Befähigung, sich im Leben durchzubeißen. Das Leben ist nicht nur dadurch gefährdet, keine Nahrung zu sich nehmen zu können, sondern auch durch die fehlende Kraft, sich durchzusetzen. Das »Nachlassen seiner Spannkraft« (419) spürt der siebenunddreißigjährige Thomas bereits, als er noch, verbunden mit dem Bau seines neuen und repräsentativen Hauses, einen äußerlichen Erfolg verzeichnen kann. Aber mit achtundvierzig Jahren ist der Repräsentant der Kaufmannsfamilie Buddenbrook schließlich am Ende: Er stirbt an einer Zahnentzündung.

Schlechte Zähne symbolisieren auch bei seinem Sohn Hanno die Lebensschwäche und die damit verbundenen Verfallserscheinungen. Bei ihm zeigen sich von Anfang an mindere Lebenskräfte, denn schon die Entwicklung seiner ersten Zähne wächst sich zu einem lebensgefährlichen Problem aus.

Äußerlich sind Hannos Zähne zwar »schön und weiß wie die seiner Mutter«, aber dabei außerordentlich »weich und verletzlich«, sie bereiten ihm »mancherlei Störungen und Beschwerden« und schlaflose Nächte (512). Das Ziehen von Milchzähnen nahm bei Hanno vier Wochen in Anspruch, und »als der letzte Zahn gezogen war, lag Hanno acht Tage lang krank, und zwar aus reiner Ermattung« (514). Hannos Zahnbeschwerden beeinträchtigten auch die Funktion einzelner Organe, führten zu Schwindelanfällen und unregelmäßigem Herzschlag. Kurz vor seinem Tod teilt der Fünfzehnjährige resignierend seinem Freund Kai mit, dass seine Zähne bereits verbraucht seien. »Und womit werde ich beißen, wenn ich dreißig, vierzig Jahre alt bin? Ich habe gar keine Hoffnung« (744). Der Zustand seiner Zähne ist zu einem Merkmal für ein Leben ohne Zuversicht geworden.

Andere, lebenskräftigere Personen besitzen demgegenüber ausgezeichnete Zähne. Als Thomas der Mutter seine siebenundzwanzigjährige Braut Gerda zum ersten Mal vorstellt, schreitet diese »mit freier und stolzer Anmut auf dem hellen Teppich« dahin. Ihre rätselhafte, elegante Schönheit ist nicht allein geprägt von ihrem »schweren dunkelroten Haar«, ihren faszinierenden Augen, sondern auch von ihrem wundervollen Mund und »ihren breiten, schimmernden Zähnen, die sie lächelnd zeigte« (291 f.). Die Vitalität des Medizinstudenten Morten Schwarzkopf zeigt sich ebenso in seinen schönen Zähnen (154).

Farb-Motiv

Das Zahn-Motiv korrespondiert mit einem **Farb-Motiv**. Eine Verbindung zum Verfall und Tod kommt der Farbe »Gelb« zu, die der Erzähler als Motiv anschaulich im Zusammenhang mit dem Sterben verwendet. Als der alte Lebrecht Kröger nach einer anstrengenden Bürgerschaftssitzung nach Hause gefahren wird, ist sein Gesicht »gelb und von schlaffen Furchen zerrissen« (195). Als Konsul Buddenbrook stirbt, wird bei der Beschreibung des Zimmers, in dem er sich befindet, auf das »Gelb der Möbel« hingewiesen (246). Als sich Christian über den Tod des Vaters und die Vorgänge am

Sterbenachmittag erkundigt, fragt er beharrlich danach, welche Farbe er angenommen habe: »Also gelb sah er aus? fragte er zum fünften Male […]. Er sah also ganz gelb aus?« (260). Auf die gelblichen Zähne von Thomas wird bereits im Eingangsteil hingewiesen (16), später auf das leidenschaftliche Rauchen von Zigaretten mit gelbem Mundstück (115).

Motiv »Familienpapiere«

Dem Leitmotiv **Familienpapiere (»Biebel«)** kommt weiter eine wichtige Funktion zu. Sie dokumentieren die Genealogie und teilen knapp Wesentliches über die vom Aufstieg geprägte Vorgeschichte der Familie Buddenbrook mit. Der Fortschritt von Firma und Familie ist anhand von Fakten präzise festgehalten. Das Leitmotiv »Familienpapiere« verdeutlicht jedoch auch den Verfall, dessen Stationen ebenfalls aufgeschrieben werden. So ist es Hanno, der unter seinem Namen einen Strich macht, erahnend, dass die Dynastie mit ihm endet.

Haus-Motiv

Die beiden Häuser, in denen die Familien wohnen, das Buddenbrook-Haus in der Mengstraße und das repräsentative Anwesen in der Fischergrube, das sich Thomas schafft, versinnbildlichen Aufstieg und Verfall, wobei die glänzende Fassade Familienzwist und schwindende Vitalität verdeckt. Im Eingangskapitel entfaltet sich bereits das Leitmotiv **Haus** mit dem Hinweis, das Haus in den Mengstraße sei 1682 von der »glänzenden Familie« Ratenkamp erbaut worden (21 f.). Infolge des geschäftlichen Rückgangs musste diese ehemals angesehene Kaufmannsfamilie ihr Haus verkaufen, das dann in den Besitz der Familie Buddenbrook kam. Das Haus ist somit nicht allein ein architektonisches Gebäude, sondern besitzt auch eine soziale und ökonomische Funktion.

Der hintere Teil dieses Hauses in der Mengstraße ist verfallen, als es Thomas später verkaufen will. Als Hagenström das Haus in Augenschein nimmt, wird dessen »vernachlässigte Altersschwäche« im rückwärtigen Teil hervorgehoben (605). Thomas hatte sich zu diesem Zeitpunkt bereits ein eigenes prächtiges Haus erbaut, das Wohlhabenheit und Erfolg repräsentieren soll. Der Einzug in das neue Haus in der Fischergrube leitet den familiären Abstieg ein, den Thomas bereits spürt, obwohl seine Geschäfte »so ausgezeichnet wie ehemals nur zu Zeit seines Großvaters« gehen (419). Gegenüber seiner Schwester zitiert er ein türkisches Sprichwort: »Wenn das Haus fertig ist, so kommt der Tod«. Er fährt dann weiter fort: »Nun, es braucht noch nicht grade der Tod zu sein. Aber der Rückgang … der Abstieg … der Anfang vom Ende. […] Ich weiß, daß oft die äußeren, sichtbarlichen und greifbaren Zeichen und Symbole des Glückes und Aufstieges erst erscheinen, wenn in Wahrheit alles schon wieder abwärts geht« (430 f.). Ein wahrnehmbares Zeichen des beginnenden Verfalls wird dann bei der Hundertjahrfeier der Firma 1868 deutlich. Angekündigt durch das Schattenspiel dunkler Wolken und prasselnder Hagelkörner auf dem Höhepunkt der Feierlichkeiten wird ein herber geschäftlicher Verlust thematisiert: Ein Lehrling übergibt seinem Chef ein Telegramm, das von der Vernichtung der auf dem Halm gekauften Pöppenrader Ernte durch ein Gewitter berichtet (491–494), während weiterhin Musik der Festlichkeit ihren Rahmen gibt.

Dieser Kontrast von freudigem und unerfreulichem Ereignis thematisiert der Erzähler auch an einer anderen Stelle: Der Wahl zum Senator der Freien Hansestadt folgt der Niedergang von Thomas' körperlicher und seelischer Kraft.

Montageprinzip

Neben der Verwendung von Leitmotiven bildet das **Montageprinzip** ein zentrales Bauelement. Montage ist ein literarisches

Verfahren, unterschiedliche nicht fiktive Texte, authentisches, dokumentarisches Material, in das erzählte Textkorpus zu integrieren. Der Leser hat dabei zwischen dokumentarischen und fiktiven Teilen zu unterscheiden. Dieses Verfahren wandten im frühen 20. Jahrhundert avantgardistische Autoren als souveränes künstlerisches Mittel an, um zu kontrastieren, Denkanstöße zu geben und Treue zur Realität zu demonstrieren. Thomas Mann nutzte dokumentarisches Material, das ihm Familienmitglieder zur Verfügung stellten. Hierbei kommt den »Familienpapieren« der Familie Mann eine besondere Bedeutung zu. Der Autor hat daraus einiges wortwörtlich übernommen, anderes variiert.[3] So erhielt er von der Mutter wichtige Unterlagen, zu denen die alten Familienpapiere, Testamente und die »Biebel« des Urgroßvaters Jochim Siegmund Mann zählen, die innerhalb der Familie Mann von Generation zu Generation vererbt wurde. Die Schwester Julia legte ihm in einem ausführlichen Brief einen Bericht über die Schwester des Vaters dar, was als Quelle zur Charakterisierung von Tony Buddenbrook diente, und Julia ermahnte den Bruder zugleich, ihre Mitteilungen taktvoll zu behandeln.[4] Der Lübecker Onkel Wilhelm Marty, selbst Konsul und Kaufmann, gab Thomas Mann schriftliche Auskünfte über die verschiedenen Gründe, die zum Verfall der Getreidefirma führten.

Darüber hinaus entnahm der Autor aus *Meyers Konversations-Lexikon* einen Artikel zum Thema Typhus.[5] Hier verwandte der Autor die medizinische Beschreibung der Typhus-Symptome wie deren Behandlungsmethoden, und setzte sie in Beziehung zum erkrankten Hanno, wobei er dessen Individualität völlig in den Hintergrund treten ließ. Dem Autor gelang eine sachliche Darstellung ohne Anteilnahme, die nicht ins Sentimentale abgleitet.

5. Wort- und Sacherläuterungen

7,4 f. **»Je, den Düwel ook, c'est la question, ma très chère demoiselle!«:** Ja, zum Teufel, das ist eben die Frage, mein geschätztes Fräulein!

7,27 **Jerusalemsberg:** Kalvarienberg vor dem Lübecker Burgtor, diente in der vorreformatorischen Zeit als Karfreitagsziel.

8,3 **sich … moquieren:** (frz.) sich mokieren, sich abfällig äußern.

8,26 f. **Pompadour:** (frz.) beutelartige Handtasche.

12,4 **Excusez, mon cher! … Mais c'est une folie!:** (frz.) Entschuldige, mein Lieber! … Aber das ist eine Torheit!

12,28 **Loyalität:** Treue.

13,16 **Jabot:** (frz.) Spitzenrüsche, am Hemd befestigt.

13,33 **chassé croisé:** (frz.) über Kreuz.

14,25 **compliments:** (frz.) Höflichkeitsgesten.

15,3 **Incroyable:** (frz.) Stutzer.

15,4 **engouement:** (frz.) (Vor-) Eingenommenheit.

16,27 **coulant:** kulant, entgegenkommend, großzügig.

17,22 f. **distinguierte:** vornehme, gepflegte.

19,9 **Associé:** (frz.) Teilhaber.

20,2 **Courant-Taler:** die Münze eines Landes, die ihren Wert vollständig aus ihrem Material (Gold, Silber), bezieht, im Gegensatz zum Papiergeld. Ein Courant-Taler entsprach drei Courant-Mark.

21,25 **jovialem:** (frz.) fröhlichen.

22,11 **Accepte:** (lat. *acceptum*, ›angenommen‹) durch Unterschrift angenommene Wechsel.

24,23 **Kopfrose:** Entzündung (Wundrose) am Hinterkopf.

24,29 **coiffure:** (frz.) Haartracht.
24,32 **surprise:** (frz.) Überraschung.
25,25 **point d'honneur:** (frz.) Ehrgefühl.
27,5 **hasardierte:** veranstaltete Glücksspiele.
27,7ff. **N'est-ce pas, Rapp … plus que le Grand!:** (frz.) Nicht wahr, Rapp … die Deutschen lieben diese kleinen Napoleons sehr? – Ja, Sire, mehr als den Großen! – Eine goldene 20-Francs-Münze mit dem Bildnis des Kaisers wurde ›Napoleon‹ genannt. Rapp war ein deutscher General.
28,21 **Bêtisen:** (frz.) Albernheiten, Streiche.
30,8 **mich resolvieren:** mich entschließen.
31,18 **Malvasier:** süßer Wein aus dem Mittelmeerraum.
33,11 **Venus Anadyomẹne:** die dem Meer entsteigende Venus (Aphrodite).
34,33 **Indigestion:** (lat.) Verdauungsstörung.
35,6 **Franzbrot:** französisches Brot, Weißbrot.
35,27 **Comptoirsessel:** Kontorsessel.
38,25 **Carambolage:** (frz.) Billardpartie.
38,26 **Queues:** (frz.) Billardstöcke.
39,22 **Rotspohn:** Rotwein.
39,30 **Propregeschäft:** Eigenhandel im Gegensatz zum Zwischenhandel.
41,29 **Equipage:** (frz.) elegante Kutsche.
42,9 **Pelerine:** ärmelloser, bis zur Taille reichender Umhang.
43,25 **ennuyieren:** (frz.) langweilen.
43,30 **conduite:** (frz.) gutes Betragen.
44,18 **ästimieren:** abschätzen.
45,8 **refüsieren:** zurückweisen.
46,28 **Sottisen:** (frz.) Unsinnigkeiten.
46,30 **faux-frais:** (frz.) Nebenkosten.

46,32 **exaltierten:** aufgeregten, überspannten.
47,8 **Mesalliance:** (frz.) unstandesgemäße Heirat.
48,6 **obstinater:** starrsinniger.
51,2 **Complaisancen:** (frz.) freundliches Benehmen
51,4 **Pomeranzen:** Bitterorangen.
52,16 **Comptoir:** (frz.) Kontor.
53,19 **Schute:** (niederdt.) kleines Boot.
53,20 **Dollen:** Halterungen für die Ruder.
55,1 **L'année la plus heureuse de ma vie:** (frz.) das glücklichste Jahr meines Lebens.
55,32 **Genealogie:** Geschlechtsregister.
56,8 **Frieseln:** Hautkrankheit.
56,8 f. **Blattern:** Pocken.
56,10 **Darre:** Vorrichtung zum Trocknen.
58,2 **stupende:** verblüffend.
59,7 **Remisen:** Geräteschuppen.
64,16 **Twiete:** schmale Querstraße.
68,19 **indigniert:** entrüstet, erzürnt.
74,8 **liquidieren:** (ein Geschäft) auflösen.
80,33 **Suitiers:** (frz.) Lebemänner.
81,20 **Bouquet:** (frz.) Bukett, Blumenstrauß.
82,21 **Lorette:** Lebedame.
82,29 **Hoffart:** Hochmut.
86,14 **quelle horreur!:** (frz.) welch ein Schrecken!
86,19 **Stradivari:** wertvolle Geige aus der Werkstatt Stradivaris.
88,3 **Racine:** Jean R. (1639–99), bedeutender Tragödiendichter der französischen Klassik.
88,22 **Plafond:** (frz.) eine mit Stuck oder Malerei geschmückte Zimmerdecke.
89,16 f. **Ah! voyons, mesdames! zu Bette, s'il vous plaît!:** Ah, genug, meine Damen, bitte zu Bette!

89,24 **Table d'hôte:** (frz.) Gästetafel.

93,12 **Favoris:** Backenbart.

97,16 **inkommodiere nicht länger:** falle nicht länger zur Last.

102,33 f. **Echauffement:** (frz.) Erregung.

111,7 **becouren:** (frz.) den Hof machen.

111,35 **notorisch:** anerkanntermaßen.

115,9 **Equipage:** (frz.) elegante Kutsche.

115,30 **Troika:** (russ.) ein von drei Pferden gezogener Wagen, Dreigespann.

116,23 **Coulanz:** Entgegenkommen (vor allem in der Geschäftswelt).

121,9 **Nu speel di man nich up:** Nun spiel dich mal nicht auf.

129,1 **Schutz-Pincenez:** Sonnenbrille in Form eines Kneifers.

130,7 **Plaids:** (frz.) karierte Reisedecken aus Wolle.

130,9 **Lorgnette:** (frz.) eine an einem Stiel vor die Augen gehaltene Brille.

130,15 **Réunions:** (frz.) Veranstaltungen zur Unterhaltung der Gäste.

144,26 **devotesten:** demütigsten.

149,9 **Ülster:** weiter (Herren-) Mantel aus der nordirischen Provinz Ulster.

150,14 **sehr obligiert:** sehr verbunden, sehr verpflichtet.

151,11 f. **Medisangsen:** Medisancen (frz.), boshafte Bemerkungen.

151,12 **Finessen:** Durchtriebenheiten.

160,28 **Moiré antique:** (frz.) Stoff mit einem durch Lichteffekte hervorgerufenen Wasserlinienmuster.

163,28 **Paletot:** doppelreihiger Herrenmantel.

163,28 **Accise:** (frz.) Einfuhrzoll.

164,28 **Fünfhausen:** Seitenstraße der Mengstraße.
171,5 **groom:** (engl.) Reitknecht.
171,22 **impertinent:** frech, unverschämt.
174,11 **eminent:** außerordentlich.
179,15 **du echauffierst dich:** du regst dich auf.
181,23 f. **Uomo non educato dal dolore riman sempre bambino!** (ital.) Ein Mensch, der nicht durch Schmerz erzogen wird, bleibt stets ein Kind!
185,6 **Skribifax:** Schreiberling.
188,23 **ennuyiert:** (frz.) gelangweilt.
188,25 **Parbleu:** (frz.) bei Gott (eigentlich: par Dieu).
189,4 **alterieren:** aufregen.
193,32 **Kalesche:** (tschech.) Kutsche mit Verdeck.
201,7 **Pincenez:** (frz.) Kneifer.
205,1 **prolongieren:** eine Kreditfrist verlängern, stunden.
206,19 **Prolongation:** Verlängerung einer Kreditfrist.
220,15 **Satisfaktion:** Genugtuung.
221,6 **Honneurs:** (frz.) Ehrenbezeigungen.
223,33 **Bajazz:** Hanswurst, Spaßmacher.
227,3 **Binocle:** (frz.) Kneifer, Zwicker.
243,3 **indigniert:** peinlich berührt.
243,27 **Kongestionen:** Blutandrang.
244,25 **Baschlik:** Schal oder Kopfbedeckung.
254,36 **Crayon:** (frz.) (Dreh-)Bleistift.
256,13 **jovialen:** wohlwollenden.
264,12 f. **Contenance:** (frz.) Haltung.
268,26 **Escarpins:** (frz.) leichte Tanzschuhe oder Schnallenschuhe.
274,11 **Rancüne:** (frz.) Groll.
274,13 **Animosität:** Abneigung.
275,2 **Bigotterie:** (frz.) Scheinheiligkeit.
276,15 **Pfahlbürgertum:** Spießbürgertum.

288,17 **Konzert-Piècen:** Konzertstücke.

294,12 **Pardessus:** (frz.) Herrenmäntel.

295,5 **Here:** Hera, griechische Sagengestalt: Beschützerin der Ehe und Familie.

295,6 **Aphrodite:** griechische Sagengestalt: Göttin der Liebe.

Brünnhilde: Brunhilde, germanische Sagengestalt, Gemahlin des Burgunderkönigs Gunther.

Melusine: mittelalterliche Sagengestalt und beliebte Figur in der Romantik: Meerfee.

296,23 **Cantilene:** mehrstimmiger Liedsatz.

303,29 **Piqué:** (frz.) Gewebe mit Reliefmuster.

306,12 **Pinakothek:** (griech.): Bilder-, Gemäldesammlung.

Glyptothek: (griech.) Skulpturensammlung.

308,14 **équivoque:** (frz.) zweideutig.

315,31 **Jeu:** (frz.) Spiel.

318,19 **Harlekiniaden:** Possen.

319,25 **Café chantant:** (frz.) Café mit Gesangsdarbietungen und Kabarett.

322,25 f. **Cotillonorden:** Orden, der als Scherz bei Gesellschaftsspielen vergeben wird.

330,1 **Depesche:** Telegramm.

333,10 **Nonchalance:** (frz.) Ungezwungenheit.

341,27 **kompromittierte:** bloßstellte.

343,28 **Dérangement:** (frz.) Unordnung.

343,34 **dispensiert:** beurlaubt.

349,19 **Duschak:** dummer, plumper Mensch.

351,12 **Ordre:** (frz.) Anweisung, Befehl.

357,28 **Orsini-Bomben:** Der italienische Nationalist Felice Orsini warf 1858 Bomben gegen den Wagen Napoleons III. und der Kaiserin Eugénie, um Italiens Befreiung voranzubringen.

359,27 **Diligencen:** (frz.) Eilpostwagen.

361,10 **ceterum censeo:** (lat.) übrigens bin ich der Meinung (dass Karthago zerstört werden muss:) angeblicher Ausspruch Catos nach jeder Senatsrede; eine sich schematisch wiederholende Floskel.

363,8 **Causeur:** (frz.) Unterhalter.

364,10 **dégoûtierten:** (frz.) angewiderten, gelangweilten.

364,24 **Karfiol:** (ital.) Blumenkohl.

365,2 f. **extérieur:** (frz.) Äußeres, Erscheinung.

378,30 **Plumeau:** (frz.) halblanges, dickes Federdeckbett.

379,28 **quand même:** (frz.) trotz allem.

387,32 **unsoignierten:** (frz.) ungepflegten.

397,15 **Moquerie:** (frz.) Spottlust.

397,16 f. **pastor marianus:** (lat.) Pastor der Marienkirche.

408,9 **Agitation:** (lat./engl.) Hetze.

416,35 **Galanteriedegen:** Degen zur Galauniform.

424,21 **Sandstein-Karyatiden:** weibliche Skulpturen aus Sandstein, die anstelle einer Säule das Gebälk eines Bauwerks tragen.

426,30 **Lustre:** (frz.) Kronleuchter.

434,13 **ingeniöse:** scharfsinnige, einfallsreiche.

434,24 **Paroxysmus:** (griech.) anfallartige starke Steigerung von Beschwerden.

436,4 **Bel-Etage:** (frz.) erstes Stockwerk über dem Erdgeschoss.

436,6 **Oeynhausen:** Kurort in Ostwestfalen.

436,25 **Altan:** balkonartiger, auf Säulen ruhender Vorbau des Obergeschosses.

437,13 **Fallissement:** (frz.) Bankrott.

443,36 **Quisisana:** (ital.) Hier gesundet man.

444,5 **reüssiert:** (frz.) Erfolg gehabt.

444,27 **Aperçus:** (frz.) geistreiche Einfälle.

447,2 **solennes:** (frz.) feierliches.
448,4 **Patschuliduft:** Duft der asiatischen Patschulipflanze.
448,36 **pittoresken:** malerischen.
449,15 **Entree:** (frz.) Eintritt, hier: Auftritt.
451,20 **süperb:** (frz.) vorzüglich, ausgezeichnet.
451,22 **Mantille:** leichter Damenmantel.
451,22 f. **Capothut:** unter dem Kinn gebundener, hoch sitzender Damenhut.
465,7 **pavor nocturnus:** (lat.) Angstanfall im Schlaf.
468,19 **Pedanterie:** Ordnungsliebe, Gewissenhaftigkeit.
471,18 **Etagère:** (frz.) mehrere übereinander angeordnete, mit einem Stab in der Mitte verbundene Teller.
472,1 **Servanten:** hier: kleine Beistell- und Nebentische.
472,7 **Portièren:** (frz.) schwere Türvorhänge.
473,19 **insipide:** geschmacklose.
480,15 **Zuavenjäckchen:** kurze Damenjacke.
489,13 **kordial:** herzlich.
494,27 **Quinquilieren:** in Quinten singen, trillern.
498,25 **Demagogie:** (griech.) Aufwiegelung des Volkes.
498,26 **Blasphemie:** (lat.) Gotteslästerung.
499,16 **Hedonismus:** (griech.) eine Haltung, die im Streben nach (Sinnes-)Lust das höchste Prinzip sieht.
499,20 **Sophismen:** Scheinbeweise, Haarspaltereien.
500,30 **inkliniert:** neigt.
507,19 **Tremolo:** in kurzen Abständen erfolgende Wiederholung eines Tons.
521,35 **Skropheln:** (lat.) Halsdrüsengeschwülste.
526,17 **Usance:** (frz.) Brauch, Gepflogenheit.
531,9 **medisanten:** (frz.) schmähsüchtigen.
532,11 **Bonne:** (frz.) Kindermädchen.
532,25 **Hausarmen:** arme Menschen, die regelmäßig von einer bestimmten reichen Familie Gaben erhalten.

533,23 f. **A-capella-Gesang:** mehrstimmiger Gesang ohne Instrumentalbegleitung.

534,11 **Theater-Habitués:** Theaterstammgäste.

541,22 **Nepotismus:** (lat.) Vetternwirtschaft.

554,19 **Bonhomie:** (frz.) Biederkeit.

559,36 **disponibel:** verfügbar.

560,13 **dégagierter:** (frz.) zwangloser.

561,36 **Hepatisation:** Lungenverhärtung.

573,25 **Kandelaber:** mehrarmiger Leuchter.

592,28 **Défilé:** (frz.) parademäßiger Vorbeimarsch.

593,28 f. **Explikation:** (lat.) Erklärung.

594,7 **Lemuren:** Gespenster.

618,3 **pekuniäre:** finanzielle.

644,25 **Seconde-Leutnant:** Unterleutnant (unterster Offiziersrang).

644,26 **garnisonierten:** Truppe, die in einer Stadt ihren Standort hat.

644,33 **Interimsrockes:** Uniformrock der Offiziere mit zwei Knopfreihen.

647,8 **Galan:** Liebhaber.

666,28 **Hunyadi-Janos-Wasser:** ungarisches Bitterwasser, Abführmittel.

684,23 **Pointierung:** Zuspitzung.

695,32 **Revenuen:** (frz.) Einkünfte.

707,4 **Kustos:** (lat.) Wächter, Pförtner.

712,33 **Embonpoint:** (frz.) Körperfülle, Wohlbeleibtheit.

717,17 **deciderant, patula Jovis arbore, glandes:** (lat.), die Eicheln waren vom breitverzweigten Baum Jupiters herabgefallen (Ovid: *Metamorphosen* I,106).

720,4 **outlaws:** (engl.) hier im Sinn von »nicht dazugehörig«.

722,14 **der »kategorische Imperativ unseres Philosophen**

Kant«: Die Formulierung in Kants *Kritik der praktischen Vernunft* (1. Teil, 1. Buch, 1. Hauptstück, § 7) von 1788 lautet: »Handle so, dass die Maxime deines Willens jederzeit zugleich als Prinzip einer allgemeinen Gesetzgebung gelten könnte.«

727,6 **Aurea prima sata est aetas:** (lat.) das goldene Geschlecht/Zeitalter entstand zuerst (Ovid: *Metamorphosen* I,89).

728,5 **Hexameter:** antikes Versmaß, bestehend aus sechs Daktylen, deren letzter um eine Silbe gekürzt ist: –UU–UU–UU–UU–UU–U.

730,25 **si tacuisses!:** (lat.) wenn du geschwiegen hättest!

730,33 **Rhapsode:** (griech.) fahrender Sänger im antiken Griechenland.

744,30 **Extemporale:** (lat.) unvorbereitet anzufertigende Klassenarbeit.

748,17 **Synkopen:** (griech.) rhythmische Verschiebungen.

748,22 **Triolen:** Gruppen von drei Tönen.

748,31 **Fermate:** Ruhepunkt, verlängerte Note oder Pause.

749,35 **Kakophonieen:** (griech.) Missklänge, Dissonanzen.

750,12 f. **Ritardando:** (ital.) allmähliches Langsamwerden des Tempos.

750,17 **Tremolando:** (ital.) rasche Wiederholung eines Tons.

750,30 **Arpeggio:** (ital.) Töne eines Akkords werden hintereinander, nicht gleichzeitig, angeschlagen.

6. Interpretation

Thomas Mann gab seinem Roman *Buddenbrooks* den Untertitel »Verfall einer Familie« und schlug hiermit sein zentrales Thema an: die **Gestaltung eines Verfalls-Prozesses**, der vierstufig über einen Zeitraum von zweiundvierzig Jahren verläuft.

Gestaltung eines Verfalls-Prozesses

Thema sollte ursprünglich der Untergang eines empfindsamen Jungen sein, der Künstlertum und Lebensuntüchtigkeit verkörpert. Der Autor variierte schon bald den Stoff, äußerte sich dahingehend, dass der Roman sich aus einer **inneren Dynamik** heraus entwickelt habe, er distanzierte sich von der Annahme, es habe von Anfang an ein Gesamtkonzept existiert. Das Buch »schwoll« seinen Angaben zufolge vielmehr »unter den Händen« auf[6] und entfaltete »seinen eigenen Willen«[7].

Die Handlung spielt in einer zwar namentlich nicht genannten **Handels- und Hafenstadt**, aber der Leser weiß, dass es sich hierbei wegen des Lokalkolorits um Lübeck handeln muss, zumal auch ein Teil des Geschehens in Travemünde angesiedelt ist, dem Badeort der Hansestadt. Der Autor gestaltete seine Romanfiguren direkt nach lebenden Figuren, die er zum Teil persönlich kannte, von denen er aber auch aus der eigenen Familienchronik erfuhr. Ebenso entnahm er die wirtschaftlichen und sozialen Sachverhalte der von ihm selbst erfahrenen oder überlieferten Realität. Aus diesem Grund gewann der zeitgenössische Leser den Eindruck, *Buddenbrooks* seien ein **Schlüsselroman**, hinter dessen Geschichte sich wirkliche Personen und

Schlüsselroman?

Orte aus Manns Familienkreis und Heimatstadt verbürgen.

Verhältnis der Literatur zur Wirklichkeit

Einige Lübecker Bürger, aber auch ein Onkel Thomas Manns, der sich später an die Presse wandte, fühlten sich durch *Buddenbrooks* beleidigt und sahen im Autor einen Nestbeschmutzer. Dies veranlasste Thomas Mann, sich 1906 in einem Aufsatz mit dem Verhältnis der Literatur zur Wirklichkeit auseinanderzusetzen und das Recht des Schriftstellers einzufordern, lebende Personen künstlerisch subjektiv gestalten zu dürfen. Der Schriftsteller greife auf die Wirklichkeit zurück, mache sich diese dienstbar, verarbeite sogar Details, dennoch bestünde ein »abgründiger Unterschied zwischen der Wirklichkeit und seinem Gebilde«.[8] Hier liegt der Wesensunterschied, »welcher die Welt der Realität von derjenigen der Kunst auf immer scheidet«[9].

Die Familie bezieht zu Beginn der Romanhandlung ihr herrschaftliches Haus in der Mengstraße, das von der einst wirtschaftlich erfolgreichen, dann untergegangenen Kaufmannsfamilie Ratenkamp gebaut worden war, während fast ein halbes Jahrhundert später die Kaufmannsfamilie Hagenström die Familie Buddenbrook ablöst und Besitzer des Hauses wird. Das weiträumige, von Thomas Buddenbrook neu erbaute Haus in der Fischergrube kauft nach Auflösung der Firma ein alternder Junggeselle (698). Die beim ersten Hinsehen linear verlaufende Romanhandlung lässt sich besser als eine Kreisbewegung charakterisieren und die Zeit als ein sich drehendes Rad mit Abwärtsbewegung interpretieren. Die Familiengeschichte ist eingebunden zwischen das nur kurz erwähnte Schicksal der Ratenkamps und die die Gesamthandlung mitbestimmende Geschichte der Hagenströms.[10]

Die Chronik der Familie Buddenbrook ist anhand herausragender Ereignisse von Familienvertretern in den **Familienpapieren** aufgezeichnet worden. Die Vorgeschichte dieser großbürgerlichen Kaufmannsfamilie, über die der Leser im ersten Teil des Romans etwas erfährt, ist vom **Aufstieg** gekennzeichnet. Auch wird ihr **Leitsatz** »Mein Sohn, sey mit Lust bey den Geschäften am Tage, aber mache nur solche, daß wir bey Nacht ruhig schlafen können« (56) mitgeteilt, der bis zum Ende Ernst genommen wird, obwohl die geschäftliche Wirklichkeit es immer schwerer macht, diese Maxime wirklich zu beherzigen. Mit den ersten Eintragungen von Jean Buddenbrook, dem Vertreter der zweiten Generation in der Haupthandlung, wird schon der Niedergang der Familie festgehalten, sein Sohn Thomas erlebt weitere Symptome des Niedergangs mit, bis schließlich mit dessen Sohn Hanno der Untergang besiegelt ist.

Familienpapiere

Niedergang der Familie

Die erste Eintragung Jeans beginnt mit der Geburt des vierten Kindes Clara, die kränklich dahinlebt und jung mit sechsundzwanzig Jahren stirbt. Jean verzeichnet noch ein weiteres Merkmal des Niedergangs in der Chronik: das Scheitern der auf sein intensives Drängen zustande gekommenen Ehe Tonys mit Grünlich nach vier Jahren. Neun Jahre später wird die zweite Ehe Tonys mit Permaneder durch Scheidung aufgelöst, was ebenfalls in den Familienpapieren festgehalten wird. Hanno ist es, der unter der Eintragung seiner Geburt selbst einen Schlussstrich in der Familienchronik zieht: So nimmt er neun Jahre vor seinem Tod »mit nachlässigen Bewegungen Lineal und Feder zur Hand«, um »mit stiller Miene und gedankenloser Sorgfalt, mechanisch und verträumt« einen sauberen Doppelstrich zu ziehen (523). Gegenüber dem Vater erläutert er seine Handlung: »Ich glaubte ... ich glaubte ... es käme nichts mehr« (524). Der Niedergang der Familie findet in der Vorstellung dieses Jungen mit dem eigenen Tod seinen Abschluss.

Rückgang der Lebenskraft

Auffallend ist der Rückgang der Lebenskraft bei einzelnen Personen. **Jean Buddenbrook** kränkelt mit zunehmendem Alter, während er als Jugendlicher schon unter Nervosität litt. Sein ältester Sohn **Thomas** beklagt das Abnehmen seiner Kraft und Energie schon als Siebenunddreißigjähriger, bis er schließlich im Alter von neunundvierzig Jahren unerwartet an einer Zahnentzündung stirbt. Thomas, der schon als Sechzehnjähriger in die Firma eingetreten ist, kostet es als erwachsener Geschäftsmann immer deutlichere Anstrengungen, erfolgreich tätig sein zu können, was ihm auch gelingt. Er baut als äußeres Zeichen des geschäftlichen Erfolgs ein neues Haus, spürt aber schon »ein Nachlassen seiner Spannkraft, eine raschere Abnützbarkeit ...« (419).

Wendepunkt

Mit dem Einzug in das neue Haus tritt ein **Wendepunkt** in der Entwicklung der Familie Buddenbrook und deren Firma ein. Unter Verweis auf ein türkisches Sprichwort »Wenn das Haus fertig ist, so kommt der Tod« (430), äußert sich Thomas skeptisch über die Zukunft: »Ich weiß, daß oft die äußeren, sichtbarlichen und greifbaren Zeichen und Symbole des Glückes und Aufstieges erst erscheinen, wenn in Wahrheit alles schon wieder abwärts geht« (431). Seine Leistungsfähigkeit nimmt zunehmend ab, mit achtundvierzig Jahren ist der Repräsentant der Kaufmannsfamilie Buddenbrook am Ende. In den letzten Lebensjahren stellt er sich nach außen zur Schau, um den Schein des Normalen und Erfolgreichen zu wahren.

Aber sein Dasein ist kein anderes mehr als das eines Schauspielers. Seinen Leistungswillen, seinen Kampf gegen den Verfall, gegen Erschlaffung und Laxheit, spricht er deutlich in einem heftigen Streitgespräch mit Christian an: »Ich bin geworden wie ich bin [...], weil ich nicht werden wollte wie du« (580). In diesem Gespräch, das die Brüder nach dem Tod der Mutter führen, wendet sich Thomas so auffällig gegen seinen Bruder, weil er weiß, dass er ähnlich wie Christian veranlagt ist. Sein Streit mit dem Bruder ist ein Zeichen seines Kampfes gegen die Dekadenz.

Im Alter von achtundvierzig Jahren beginnt Thomas »mit seinem nahen Tode zu rechnen« (650). Sein körperliches und psychisches Befinden haben sich geändert, Appetit- und Schlaflosigkeit quälen ihn. Während seine Willenskraft nachlässt, kommt Todesahnung auf. Thomas hatte sich im Hochsommer des Jahres 1874 schmerzlich von seiner Ehefrau entfremdet, nun erfährt er jedoch erstmals Nähe zu seinem Sohn. Beschwörend und mit einem Anflug von Eifersucht stellt er fest, Gerda musiziere schon zwei Stunden mit dem Leutnant von Throta. Doch in diesem entscheidenden Augenblick gelingt es ihm als Vater nicht, die Beziehung zu Hanno zu intensivieren, er wendet sich vielmehr von ihm ab und lässt eine philosophische Abhandlung von Arthur Schopenhauer auf sich einwirken, an der er vier Stunden lang gebannt liest. Die Lektüre des Kapitels »Über den Tod und sein Verhältnis zur Unzerstörbarkeit unseres Wesens an sich« macht ihn »sozusagen zum Tode reif«[27].

Schopenhauer-Erlebnis

In diesem Teil des Romans, dem »Schopenhauer-Erlebnis«, spiegelt sich Thomas Manns persönliche Lektüre von Schopenhauers Werk *Die Welt als Wille und Vorstellung* im Jahre 1899.

Im Roman wird der Leser mit der angespannten Haltung von Thomas während der Lektüre konfrontiert, aber über den Inhalt des Kapitels erfährt er nichts. Erzählt werden Thomas' Reflexion des Gelesenen aus der darauf folgenden Nacht, während dieser allein im Bett »in tiefer Stille und sacht lastender Schwüle« liegt (656).

In der Lektüre hatte Thomas seine eigene, vom Scheitern am Leben geprägte Situation wiedergefunden. Er hatte plötzlich ein tiefes Lebensgefühl, ein rauschhaftes Erlebnis verspürt, indem er den Tod als einen Glücksfall und als Befreiung von Hindernissen empfand. Er hatte eingesehen, dass die Erkenntnis über die Wirklichkeit ein subjektiv geprägtes Trugbild darstellt, da Raum und Zeit konstruiert sind. Plötzlich war es ihm, als »wenn die Finsternis vor seinen Augen zerrisse, wie wenn die samtne Wand der Nacht sich klaffend teilte und eine unermeßlich tiefe, eine ewige Fernsicht von Licht enthüllte …« (656). Nun war er sich sicher, was der Ausspruch in direkter Rede »*Ich werde leben!*« unterstreicht, dass er nicht als Handelnder am Leben versagt hatte, sondern dass jeder Mensch vom Leben gleichsam in ein »Gefängnis« gesperrt wird, überall auf Schranken stößt, so lange »bis der Tod kommt und ihn zu Heimkehr und Freiheit ruft« (657). Dank der Erkenntnis, dass der Tod »Heimkehr« bedeutet und das Tor zur »Freiheit« aufstößt, werde der an die Individualität des Menschen gefesselte »Wille« freigesetzt.

Er hatte bis zur philosophischen Lektüre die Vorstellung entwickelt, sein eigener Sohn sei derjenige, in dem er fortbestehen würde, nun aber wusste er, dass irgendwo in der Welt ein anderer Knabe aufwuchs, der sein Fortleben ermöglichte. Diese Erkenntnis trägt zu einem rauschhaften

Glücksgefühl bei, das ihm Erlösung und Entledigung von allen »natürlichen und künstlichen Schranken und Bande[n]« (658) verspricht. Überzeugt von der in ihm wohnenden inneren Kraft der Liebe entwirft Thomas **Pläne für die Zukunft**. Im Nachdenken über das Gelesene empfindet er zunächst neuen Lebensmut, obwohl ihn später der von seiner Arbeit geprägte Alltag wieder einholt. Seine in der Nacht gewonnene neue Einstellung zum Leben, verbunden mit einer Vision des Zukünftigen, verblasst bald und bleibt folgenlos. Dem vom Leben verbrauchten Thomas Buddenbrook gelingt es nicht, Frieden zu finden, vielmehr nagen weiterhin Sorgen »um die Ehre seines Hauses, um seine Frau, seinen Sohn, seinen Namen« (660) an ihm, weshalb er mit einem Rechtsanwalt sein Testament bespricht.

Pläne für die Zukunft

Thomas Buddenbrooks Ausflug in die Philosophie und Metaphysik vermochte keinen Schutz vor dem Verfall zu bieten.

In jeder Phase seines Lebens hatte er versucht, Lebenskraft und Lebenstüchtigkeit zu demonstrieren, in der Tradition der Familie Buddenbrook zu leben und deren Ansehen und Erfolg zu vergrößern. Aber seine zähe Entschlossenheit, die er hierfür aufbrachte, erwies sich gegenüber dem Schwinden der Lebenskraft als zu schwach. Thomas musste erfahren, dass er die notwendige Lebenskraft nicht wirklich besaß, um sein Schicksal selbst zu bestimmen. Dies zeigt sich überdeutlich, als er nach der erfolglosen Zahnbehandlung auf der Straße im Dreck zusammenbricht und wenig später stirbt. Spätestens im Tod offenbart sich die Zerstörung einer Lebensmaxime. Erahnt hatte er das Erlöschen seiner Lebensenergie, als er in

seinem Testament mit der Bestimmung, die Firma aufzulösen, den Zerfall seines bürgerlichen Lebensgefüges akzeptierte.
Nicht allein äußere Gegebenheiten, die sich etwa im Verhalten seiner Frau zeigten, oder milieubedingte Erscheinungen hatten zur Zerstörung seiner Vision von Bürgerlichkeit beigetragen, es war vielmehr das Fehlen von Kraft und Vitalität in seinem Inneren. Auch die geschäftlichen Misserfolge der letzten Jahre stellten die Existenz seines Unternehmens nicht wirklich in Frage.

Dem »Schopenhauer-Erlebnis« kommt eine zentrale Bedeutung am Ende von Thomas' Leben zu. Thomas Mann hielt sich bei der erzählerischen Gestaltung dieser Passage, dem Selbstgespräch im 5. Kapitel des 10. Buchs, eng an Schopenhauers Ausführungen,[12] wenngleich der Eindruck entsteht, es handelte sich um einen fiktiven Monolog, in dem die in indirekter Rede wiedergegebenen Gedanken mit wörtlichen Ausrufen des Protagonisten abwechseln. Dessen Reflexionen schweifen um das Wesen des »Willens«, der in Schopenhauers Philosophie dem Intellekt gegenübersteht. Für Schopenhauer ist der »Wille« eine metaphysische Angelegenheit, ein Prinzip, das hinter der dinglichen Welt steht und sich im Menschen verkörpert. Während Vernunft und Verstand den Menschen nicht dazu bringen, dass ein leidender Mensch sein Leben liebt, bekämpft der innere »Wille« die Vernichtung des Lebens. Erst der Tod macht in Schopenhauers Gedankenwelt den »Willen« wieder frei, weshalb der Philosoph im Sterben den Augenblick der »Befreiung von der Einseitigkeit einer Individualität« sieht, »welche nicht den innersten Kern unseres Wesens ausmacht, vielmehr als eine Art Verirrung desselben zu denken ist: die wahre ursprüngliche Freiheit tritt wieder ein […]«.[13]

In einem entscheidenden Schritt hat sich Thomas Buddenbrook von der pessimistischen Position Schopenhauers abgewandt, **um das Leben zu bejahen**, worin der Autor zurückblickend in seiner Schopenhauer-Rede 1938 »die Erlösung aus den Fesseln seiner müden Individualität« sieht, »die Befreiung von einer Lebensrolle, die er symbolisch genommen [...] repräsentiert, die aber seinem Geist, seinem Weltverlangen niemals genuggetan hatte und ihm ein Hindernis gewesen war, etwas anderes und Besseres zu sein«.[14]

Lebensbejahung

Der Verfallsprozess in **Christians** Leben äußert sich in dessen **Nervenleiden**. Zuerst spürt er einen Schmerz in seinem linken Bein, der zu einem Schmerz in der ganzen linken Körperseite auswächst, bis schließlich die nervösen Leiden zu einem Aufenthalt in einer Nervenheilanstalt führen. Außerdem leidet er unter Rheumatismus. Christian vermag nicht verlässlich zu arbeiten und lässt damit Durchhaltevermögen vermissen. Immer wieder versagt er, da er den Anforderungen des bürgerlichen Lebens nicht gewachsen ist, und weicht den an ihn gestellten Erwartungen früh aus, ohne eine wirklich alternative Existenz aufzubauen. Wegen dieser Krankheiten und seiner Lebenseinstellung passt er nur schlecht zu der strebsamen Kaufmannsfamilie.

Der Autor stellt mit Christians Hang zur Selbstbeobachtung und seiner Neigung, sich Krankheiten einzubilden, einen typischen Vertreter der Décadence (vgl. dazu S. 74 ff.) dar, der seine Frau aus der Boheme wählt. Aline Puvogel verfügt im Gegensatz zu ihrem Ehemann über Kraft und Vitalität und weist ihn am Ende in eine Anstalt ein, um so Vorteile aus der Ehe mit einem Buddenbrook zu ziehen und ihren früheren Lebenswandel fortführen zu können. Der Vertreter der Décadence endet als Psychopath in einer Anstalt.

Hanno, das letzte Glied in der Familie Buddenbrook

Hanno Buddenbrook, das letzte Glied in der Familie Buddenbrook, verkörpert in klarer Weise den Décadent. In seiner Lebensfähigkeit schon seit seiner Geburt eingeschränkt, erweist er sich in seinem kurzen Leben als nicht lebenstüchtig. Über Hannos Leiden erfährt der Leser, nachdem über seine Geburt und Taufe bereits berichtet wurde, erst etwas nach dem Tod seines Vaters. Innerhalb der Verfallsgeschichte zeigt sich an ihm die Verminderung von Lebensfähigkeit und zugleich die **Zunahme von Empfindsamkeit**. Ihm fehlt die Kraft, im bürgerlichen Sinne etwas zu leisten. Hanno ist schulisch ein Versager, und auch die Erwartungen seines Vaters vermag er nicht zu erfüllen. Sein Verfall rührt von einer speziellen seelischen Beschaffenheit und körperlichen Konstitution her. Hannos Begeisterung gilt der Musik.

Zunahme von Empfindsamkeit

Hinwendung zur Musik

In seiner **Hinwendung zur Musik** zeigt sich hier ein Ausdruck des Verfallsprozesses. Sie wird zu einem Lebens- und Wirkungskreis, in dem er träumerische, fantasiegefüllte Erregung und Erfüllung erfährt. Als erster musikalischer Vertreter der Familie ist es ihm möglich, in den Bereich einer künstlerischen Gegenwelt einzutreten: »Hannos Musik ist Orgie, ein Gemisch aus Wagner-Klängen […] die Schlußorgie ist eine Nachdichtung von *Siegfrieds Tod*, auch Erlösungsbotschaften und Karfreitagszauber sind dazugemischt.«[15] Das, was er an Ergriffenheit und Emotionen während seines Klavierspiels erfährt, entstammt der Fantasie, nicht der Realität. Seine Improvisationen am Klavier erschöpfen Hanno körperlich. »Er war sehr blaß, in seinen Knieen war gar keine Kraft, und seine Augen brannten« (750). Sein fast schon ekstatisches Klavierspiel vermag ihm keine Lebenskraft zu vermitteln.

Richard Wagner, der typische Vertreter der Décadence, dessen Musik ihm Gerda nahebringt, stellt im Sinne von Nietzsche das Programm zur Verfügung, das zum Tode hinführt. Hätte Hanno die Energie zur Arbeit aufbringen können, im Raum der Musik eine Wirklichkeit zu schaffen, hätte es zum Künstler gereicht. Aber Hanno erweist sich als zu kraftlos, es reicht nur dazu, selbst ein Repräsentant der Décadence zu sein.

Vom fehlenden Lebensmut und seiner Flucht in den Tod berichtet Hanno seinem Freund mit den Worten: »Ich möchte schlafen und nichts mehr wissen. Ich möchte sterben, Kai!« (743). Die Ansprüche der Wirklichkeit erdrücken ihn gleichsam, sei es bei dem gescheiterten Gedichtvortrag anlässlich der Jubiläumsfeier, sei es im schulischen Alltag, der bei Hanno Abscheu und Furcht hervorruft. Lediglich in den Ferien am Meer ist der Junge glücklich und kann »kummerlos« und »friedlich« den Tanggeruch in sich aufnehmen und dem Rauschen der sanften Meeresbrandung lauschen (629). Sein Erlebnis in Travemünde, das seine Sinne schärft und beruhigt, vermag jedoch weder zur Erholung noch zur Kräftigung beizutragen, vielmehr verstärkt sich sein Unbehagen gegenüber den Anforderungen des Lebens.

Im letzten Teil des Romans wird der Leser, wenn auch auf satirische Weise, aus der Sicht des sechzehnjährigen Hanno mit dem **schulischen Alltag** im ausgehenden 19. Jahrhundert konfrontiert.

Schulalltag

Das stumpfsinnige Gymnasialsystem

Der Autor gibt in diesem Kapitel einen tiefgründigen und vernichtenden Einblick in **das stumpfsinnige System des preußisch geprägten Gymnasiums**, das auch von Thomas Mann persönlich so empfunden worden war. Zum anderen verdeutlicht er hier das Versagen Hannos am Leben, »dessen Symbol und vorläufiger Abriß die Schule ist«.[16] Die Schule, die symbolhaft das Leben mit seinen Fassetten Abrichtung, Macht, Strebertum und Unterwürfigkeit repräsentiert, bildet den Gegenpol zur Kunst. Hanno erkennt sich in der Schule und der Familie als einen »reizbaren Ausnahmefall«. »Dies ist sein Stolz und seine Bescheidenheit, und es ist, wie mir scheint, der Stolz und die Bescheidenheit des Künstlers vor dem Leben«[17], schreibt der Autor Jahre später am Ende seiner kulturpolitischen Schrift *Betrachtungen eines Unpolitischen*. Hanno steht als Künstler außerhalb des Lebens, er, der Schulversager, versagt existenziell, da sich in ihm körperliche Schwäche mit Sensibilität vereinen. Der Junge repräsentiert Stolz und Bescheidenheit des Künstlers vor dem Leben, es hätte hierfür jedoch einer anderen Form des Daseins bedurft, die Hanno nicht beschieden war, denn hier hätten sich »Sensibilität« und »Geist« zu Hause fühlen müssen.

Entbürgerlichung

An Hanno zeigt sich Vergeistigung und Übersteigerung, das angestrebte Künstlertum markiert das Ende eines Zeitalters. Die **Entbürgerlichung** der Buddenbrooks hat ihren Abschluss gefunden, die Glaubwürdigkeit des seit der Firmengründung verfolgten Ziels ist verloren gegangen.

Kontrastperson

An Hannos Seite steht als **Kontrastperson** der Freund Kai Graf Mölln. Auch Kai ist dem Bildungssystem ausgesetzt, gegen das er ebenfalls eine Abneigung entwickelt. Allerdings genießt er wegen seiner Wildheit, die sich auch in Auflehnung äußert, einen gewissen Respekt (720). Während sich Hanno musikalisch ausdrückt, liebt Kai das Geschichtenerzählen und Schreiben. Dem Leben steht er, im Gegensatz zu Hanno, insgesamt positiv gegenüber. Seinen eigenen Erfahrungen entnimmt er den Stoff für seine Geschichten: Kais Erzählungen »standen nicht gänzlich in der Luft«, sondern gehen »von der Wirklichkeit« aus und rücken diese »in ein seltsames und geheimnisvolles Licht« (520).

Sterben der Familienmitglieder

Dem **Sterben der Familienmitglieder** widmet der Erzähler immer umfangreichere Passagen. Während er das Ableben der Vertreter der ersten Generation nur auf wenigen Seiten umreißt, teilt er in der zweiten Generation dem Sterben von Jean und dem Hinscheiden der Konsulin, das sich im Beisein der ganzen Familie vollzieht, je ein Kapitel zu. Für den Tod von Thomas in der dritten Generation benötigt der Erzähler zwei Kapitel, während er für das Sterben Hannos ein Kapitel reserviert, in dem eine allgemein gehaltene Darstellung in einer Montage durch medizinisch exakte Fakten ergänzt wird.

Sterbealter

Das Schwinden der Lebenskraft zeigt sich deutlich am **Sterbealter** der Familienmitglieder. Johann Buddenbrook, mit dem die Handlung einsetzt, wird siebenundsiebzig Jahre alt, seine Söhne Gotthold und Jean erreichen das Alter von sechzig bzw. etwa fünfundfünfzig Jahren. Jeans Sohn Thomas, Vertreter der dritten Generation, stirbt bereits 1875 mit 49 Jahren. Das Sterbejahr seines Bruders Christian ist unbekannt. Die Schwester Clara wird nur sechsundzwanzig Jahre alt. Die Lebenszeit des letzten männlichen Vertreters der Familie ist besonders kurz. Hanno erreicht gerade einmal das Alter eines Jugendlichen, er stirbt noch früher als seine Tante Clara, bereits mit sechzehn Jahren.

Schwinden des Familien- vermögens

Der Prozess des Niedergangs ist verflochten mit dem **Schwinden des Familienvermögens.** Das Abnehmen der Lebenskraft bewirkt, dass sich die Buddenbrooks immer weniger den kaufmännischen Anforderungen gewachsen fühlen. Das ursprüngliche Vermögen in Höhe von 900 000 Kurant-Mark schmilzt allmählich wegen der Zahlung von Mitgift und aus Gründen kaufmännischen Ungeschicks dahin. Bei Thomas Buddenbrook verkleinert sich das ihm übergebene Kapital noch einmal erheblich: Anstatt sein Ziel zu erreichen und das geerbte Vermögen von 750 000 Mark zur Million hin zu vermehren, vermindert sich sein Besitz auf 286 000 Mark. Er investiert in den Bau seines Hauses 100 000 Mark und muss seine Geschwister auszahlen. Außerdem hat Thomas den Verlust, der durch den Bankrott einer Großfirma entstand, zu verkraften. Am Ende seines Lebens kann Thomas auf ein Vermögen von 600 000 Kurant-Mark hinweisen, in dem allerdings die Mitgift seiner Frau in Höhe von 300 000 Mark enthalten ist.

Rückgang der kaufmännischen Vitalität

Einen eindeutigeren Eindruck vom **Rückgang der kaufmännischen Vitalität** der Buddenbrooks zeigt der Vergleich des Gewinns, den die drei Firmenchefs erarbeiteten. Hier offenbart sich, dass der Gewinn in den folgenden Generationen sich jeweils halbiert. Während der ältere Buddenbrook 200 000 Mark Kurant erwirtschaftet, sind es bei Jean weniger als die Hälfte, nämlich 90 000 Mark. Seitdem Thomas die Firmenleitung übernommen hat, geht der Verdienst des Unternehmens nochmals um mehr als die Hälfte auf 42 000 Mark zurück.[18]

7. Autor und Zeit

Kurzbiografie

1875 Geburt von Paul Thomas Mann in Lübeck am 6. Juni als Sohn des Kaufmanns und Konsuls Thomas Heinrich Mann und seiner Ehefrau Julia (geb. da Silva-Bruhns). Geschwister: Heinrich (1871), Julia (1877), Carla (1881), Viktor (1890).

1891 Tod des Vaters und Liquidierung der Getreidefirma.

1893 Abgang vom Gymnasium mit Mittlerer Reife und Übersiedlung nach München.

1894 Erste Novelle *Gefallen*; Volontariat bei der Süddeutschen Feuerversicherungsgesellschaft.

1895–96 Gasthörer an der Technischen Hochschule ohne Abitur: Studium der Kunst- und Literaturgeschichte und der Nationalökonomie mit dem Ziel, Journalist zu werden.

1896–99 Aufenthalt in Italien: Rom und Palestrina.

1897 Beginn mit der Ausarbeitung des Romans *Buddenbrooks.*

1898–99 Erster Novellenband *Der kleine Herr Friedemann;* Redakteur bei der Satirezeitschrift *Simplicissimus*.

1900 Militärdienst, Entlassung wegen Dienstuntauglichkeit.

1901 *Buddenbrooks. Verfall einer Familie* (Roman) erscheint in 2 Bänden.

1903 Novellenband *Tristan*, enthält *Tonio Kröger*.

1904 Verlobung mit Katharina (Katia) Pringsheim (geb. 24.7.1883).

1905 Hochzeit in München; Geburt der Tochter Erika.
1906 Geburt des Sohnes Klaus.
1909 Geburt des Sohnes Gottfried (Golo); *Königliche Hoheit* (Roman).
1910 Geburt der Tochter Monika.
1912 *Der Tod in Venedig* (Erz.).
1918 Geburt der Tochter Elisabeth; *Betrachtungen eines Unpolitischen* (Essay).
1919 Geburt des Sohnes Michael; Ehrendoktorwürde der Universität Bonn.
1923 Tod der Mutter.
1924 *Der Zauberberg* (Roman).
1925 *Unordnung und frühes Leid* (Erz.).
1929 Verleihung des Nobelpreises für Literatur.
1930 *Mario und der Zauberer* (Erz.).
1932 *Goethe als Repräsentant des bürgerlichen Zeitalters* (Essay).
1933 Am 11.2. Abreise nach Holland; Beginn des Exils als Gegner des Nationalsozialismus; zunächst Aufenthalt in Südfrankreich, dann in Küsnacht bei Zürich (bis 1938).
1933–43 Erscheinen der vier Bände *Joseph und seine Brüder* (Romane).
1934 Erste Reise in die USA.
1936 Erwerb der tschechoslowakischen Staatsbürgerschaft, Aberkennung der deutschen Staatsbürgerschaft am 9. Dezember, Entzug der Ehrendoktorwürde durch den Dekan der Philosophischen Fakultät der Universität Bonn am 19. Dezember.
1938 Übersiedlung in die USA; »Lecturer in the Humanities« an der Universität Princeton.
1939 *Lotte in Weimar* (Roman).

Thomas Mann
Fotografie aus den Jahren nach dem Erscheinen der *Buddenbrooks*

1940 Übersiedlung nach Kalifornien (Los Angeles, ab 1941 Pacific Palisades).
1942 *Deutsche Hörer! 25 Radiosendungen nach Deutschland.*
1944 Staatsbürgerschaft der USA.
1945 *Deutsche Hörer! 55 Radiosendungen nach Deutschland.*
1946 Erkrankung und Lungenoperation.
1947 Europareise; *Doktor Faustus* (Roman).
1949 Europareise und erster Besuch im Nachkriegsdeutschland: Teilnahme an Feiern in Frankfurt und Weimar anlässlich des 200. Geburtstages von Goethe.
Freitod des Sohnes Klaus.
1950 Tod des Bruders Heinrich.
1951 *Der Erwählte* (Roman).
1952 Endgültige Rückkehr nach Europa, Wohnsitz in der Schweiz.
1953 Ehrendoktorwürde der Universität Cambridge; privater Besuch in Lübeck und Travemünde.
1954 Einzug in das Haus in Kilchberg bei Zürich; *Bekenntnisse des Hochstaplers Felix Krull* (Roman).
1955 Schillerrede in Stuttgart und Weimar anlässlich von dessen 150. Todestag; Ehrenbürger der Stadt Lübeck. Einlieferung in das Züricher Kantonsspital am 23. Juli. Am 12. August stirbt Thomas Mann in Zürich.

Zur Entstehung der *Buddenbrooks*

Thomas Mann war, als er 1897 mit der Arbeit an seinem ersten Roman begann, erst zweiundzwanzig Jahre alt. Der junge Schriftsteller hatte vier Jahre zuvor seine Schulausbildung beendet und war seiner Mutter Julia nach München gefolgt, die nach dem Tod ihres Mannes, des Konsuls Thomas Heinrich Mann, mit den drei jüngeren Geschwistern 1891 Lübeck verlassen hatte.

Angenehme Kindheit

In Lübeck hatte Thomas Mann in seinem Elternhaus in der Breiten Gasse eine angenehme Kindheit verlebt. Zur Mutter, der in Brasilien geborenen, aber in Lübeck aufgewachsenen Julia da Silva-Bruhns, fühlte sich Thomas besonders hingezogen. Ihr Sprachtalent und ihre Musikalität prägten den Sohn, sie war es, die Thomas mit dem Werk Wagners vertraut machte. Begeistert spielte er mit dem Puppentheater, las Bücher und schon früh ermöglichten die Eltern den Kindern Theater- und Opernbesuche.

Der Vater strahlte Würde und Klugheit aus, ging mit Ehrgeiz seinen politischen Aufgaben im Senat der Freien und Hansestadt Lübeck und in dem ererbten Handelshaus nach. In Thomas sah er den Nachfolger in der Firma, weshalb er den oftmals verträumten Jungen zum Schulbesuch auf das Progymnasium Katharineum schickte.

Abscheu vor dem Schulbetrieb

Thomas verabscheute den gesamten von ihm als stumpfsinnig empfundenen Schulbetrieb, er litt unter der sturen Paukerei und dem starren Reglement der Lehrer und rechnete später mit den »Abrichtungsmethoden« der Lehranstalt ab. So verlief die schulische Ausbildung auch ziemlich erfolglos, denn als das Katharineum ihm den mittleren Bildungsabschluss, das »Einjährige« als Berechtigungsschein für den nur einjährigen Militärdienst im März 1894 aushändigte, war Thomas bereits neunzehn Jahre alt, während seine Klassenkameraden erst sechzehn Jahre zählten.

Die Firma war nach dem Tod des Vaters liquidiert worden, damit war der zweitälteste Sohn nicht mehr verpflichtet, als Kaufmann der Familientradition Folge zu leisten. Thomas konnte sich daher ersten literarischen Arbeiten widmen. Bereits während seiner Schulzeit hatte er den *Frühlingssturm* herausgegeben, eine *Monatsschrift für Kunst, Litteratur und Philosophie*, wie die kleine Zeitschrift anspruchsvoll im Untertitel hieß, und kleine Erzählungen verfasst. In seiner frühen Jugend **verfolgte Thomas Mann die literarischen Richtungen seiner Zeit**, und öffnete sich gegenüber vielfältigen Einflüssen. Damals, im Ausgang des 19. Jahrhunderts, stand der **Naturalismus** hoch im Kurs, war aber in Autorenkreisen bereits obsolet geworden, obwohl erst 1894 eines der umstrittensten naturalistischen Dramen, *Meister Oelze* von Johannes Schlaf, in der »Neuen Freien Volksbühne« in Berlin zur Aufführung kam. Einer der Wortführer des Naturalismus, Hermann Bahr, hatte bereits einige Jahre zuvor, 1891, mit seiner Schrift *Die Überwindung des Naturalismus* dessen Ende eingeleitet, um sich einer neuen Sichtweise der Welt zuzuwenden. Anstatt das Kausalitätsprinzip und den Determinismus zum Grundsatz naturalistischer Weltdeutung zu erheben, sollte Bahr zufolge der zeitgenössische Schriftsteller psychologische Aspekte des Lebens gestalten. Bahr sah die Aufgabe des Dichters nun nicht mehr darin, ein »Werkzeug der Wirklichkeit« zu sein, »um ihr Ebenbild zu vollbringen; sondern umgekehrt, die Wirklichkeit wurde erst jetzt wieder der Stoff des Künstlers, um seine Natur zu verkünden, in deutlichen und wirksamen Symbolen«[19]. Der Weg für einen neuen Idealismus, für eine neue Romantik war bereitet.

Naturalismus

Diese junge Richtung in der Dichtkunst wurde wegen der bildhaften Ausdrucksweise **Symbolismus** genannt, wegen ihrer Krankheits- und Verfallsthematik aber auch **Décadence** oder »Fin de siècle« (Endzeit des [19.] Jahrhunderts). Bezeichnend für die neue Bewegung waren die stets wechselnden Namen. »Décadence« bedeutete Distanzierung von bürgerlichen Werten und Erkundung und Auskosten des Sinnlichen. Für Nietzsche manifestierte sich in der Dekadenz eine notwendige **Erschöpfungserscheinung der bürgerlichen Welt**, zugleich aber auch die Möglichkeit des Neuanfangs. Hermann Bahr kennzeichnet die Poetik der Décadence als eine »Romantik der Nerven«, die im »Horchen nach dem eigenen Drang«, im »Befehl der Nerven«[20] bestehe. Thomas Mann war fasziniert von dieser Losung der literarischen Moderne, er griff das Stichwort »nervös« bereitwillig auf und widmete Hermann Bahr dankbar sein erstes Prosastück *Vision* (1893), das im *Frühlingssturm* noch in der Lübecker Zeit erschien.

Décadence

Erschöpfungserscheinung der bürgerlichen Welt

Mit der Novelle *Der kleine Herr Friedemann* war Thomas Mann als junger begabter Autor bereits zu einem Namen gekommen, denn der Berliner Verleger und Förderer der zeitgenössischen Literatur, Samuel Fischer, hatte diese Erzählung für die *Neue Deutsche Rundschau* (1897) ausgewählt. Zusammen mit *Enttäuschung* erschien dann *Der kleine Herr Friedemann* bei Fischer 1898 in Buchform.

Als Thomas Mann 1893 zur Mutter nach München übersiedelte, sollte der Neunzehnjährige einen vernünftigen Beruf erlernen, weshalb er das Volontariat in einer Münchner Feuerversicherungsgesellschaft antrat, aber bei dem Kopieren von Schriftstücken am Schrägpult fand er keine Befriedigung. Schon nach wenigen Monaten verließ er die Versicherungsgesellschaft, ihm war gekündigt worden.

Auf regelmäßige Einkünfte aus seiner schriftstellerischen Arbeit war Thomas Mann nicht angewiesen, denn er bezog eine Rente aus dem väterlichen Vermögen, die seinen Lebensunterhalt sicherte. Als Gasthörer belegte er Vorlesungen an der Technischen Universität in München und studierte, zu Hause, Schriften des Philosophen Friedrich Nietzsche, was nachhaltigen Einfluss auf sein dichterisches Schaffen haben sollte.

Aufenthalt in Italien

1896 folgte er seinem Schriftsteller-Bruder Heinrich nach Italien, wo sich beide zunächst in Rom, dann in dem kleinen Ort Palestrina, etwa vierzig Kilometer östlich von der Hauptstadt gelegen, aufhielten. Hier machte sich Thomas an die Ausarbeitung eines Romans, mit dem der Verleger Samuel Fischer den jungen Autor beauftragt hatte. In dem Brief Fischers vom 29. Mai 1897 war von einem größeren Prosawerk die Rede, auch von einem »Roman, wenn er auch nicht so lang ist«[21], was Thomas Mann als Anregung begriff, mit *Buddenbrooks* zu beginnen. Ihm war klar, dass er eine autobiografisch angelegte Familiengeschichte schreiben wollte, etwas über die Vergangenheit seiner eigenen Familie. Im Mittelpunkt sollte das kurze Leben des kleinen und schwächlichen Hanno stehen, der von seinen Anlagen und seiner Physis her nicht geschaffen war, die Tradition einer Kaufmannsfamilie weiterzuführen. Indem Thomas sich an sich selbst und am Milieu seiner Heimatstadt Lübeck orientierte, wollte er mit der Figur des Hanno dessen schulische Nöte und künstlerische Begabung, dessen Gebrechlichkeit und dessen Sterben gestalten. Ein **familiärer Degenerationsprozess** stand

Entstehungsgeschichte des Romans

Familiärer Degenerationsprozess

im Mittelpunkt seines Vorhabens, der, ganz im Sinne der Décadence gestaltet, mit dem Verfall und dem Aussterben der Familie Buddenbrook enden sollte.

Familienangehörige lieferten dem Autor Materialien und gaben ihm Informationen.

Durch die Beschäftigung mit Richard Wagner als Verkünder eines Schicksalspessimismus sowie mit Friedrich Nietzsches Décadence-Philosophie hatte Thomas Mann bereits Vorarbeiten geleistet; es folgte die Auseinandersetzung mit Schopenhauer, dessen Schriften für den jungen Autor ein Schlüsselerlebnis waren. Er hatte bereits fünf Sechstel seines Romans niedergeschrieben, als er sich Schopenhauers Philosophie aneignete und sie während der Lektüre in das 5. Kapitel des 10. Teils einarbeitete, in dem es darum gehen sollte, »Thomas Buddenbrook zu Tode zu bringen«[22].

Wagner und Schopenhauer

Bereits im August 1897 schrieb Thomas Mann seinem Jugendfreund Otto Grautoff, er bereite einen großen Roman vor. Nun ging es von Italien aus an die Materialbeschaffung, an das Entwickeln chronologischer Schemata und eines Familienstammbaums.

1926 rekonstruierte Thomas Mann die Entstehungsgeschichte des *Buddenbrooks*-Romans in einer Rede und verwies darauf, wie ein ursprünglich für eine Erzählung konzipierter Stoff sich von Anfang an, dank einer der Geschichte innewohnenden Potenz, entfalten konnte, um zu einem großen Roman heranzuwachsen.[23] Aber die **disziplinierte Arbeit an dem Roman** stellte sich als eine ungeheure Belastung dar. Als vorteilhaft für den Fortgang des Werks erwies sich die Ruhe und Abgeschiedenheit in Rom und Palestrina. Seit dem Umzug nach München im Jahr 1898

Disziplinierte Arbeit an dem Roman

ging es nicht mehr so zügig voran, denn nun arbeitete Thomas Mann seit Oktober im Lektorat der 1896 gegründeten politisch-satirischen Zeitschrift *Simplicissimus*. Hier ging er einer Tätigkeit nach, die er als »stupide Redaktionsarbeit (Sie glauben nicht, wie zeitraubend der Quark ist!)« charakterisierte.[24] Zwei Jahre später, am 18. Juli 1900 brachte der junge Autor die letzte Zeile zu Papier,[25] einen Monat später, am 13. August, verschickte er das Manuskript an seinen Verleger in Berlin. Nach einer Arbeitszeit von drei Jahren war der Roman beendet. Für Umarbeitung und Korrekturen benötigte der Autor weniger als einen Monat. Vierzehn Monate sollte es dann dauern, bis der Gesellschaftsroman im Oktober 1901 in zwei Bänden zum Preis von zusammen 12 Mark erschien. In der Zeit zwischen Versenden und dem Erscheinen des Werks lag Thomas Manns kurze Militärzeit, die mit einem vorzeitigen Ausscheiden endete.

Dreijährige Arbeitszeit

Der Verleger Fischer hatte eigentlich nicht vor, einen solch umfangreichen Gesellschaftsroman, wie ihn der erst fünfundzwanzig Jahre alte Autor vorlegte, zu veröffentlichen. In einem Brief vom 26. Oktober 1900 schlug er vor, den Roman »um etwa die Hälfte zu kürzen […]. Ein Roman von 65 enggedruckten Bogen ist für unser heutiges Leben fast eine Unmöglichkeit; ich glaube nicht, ob sich viele Menschen finden, die Zeit und Conzentrationslust haben, um ein Romanwerk von diesem Umfang in sich aufzunehmen«.[26] Der Autor wollte sich jedoch auf keinen Fall auf eine Kürzung seines Werks einlassen, weshalb er, als er im Garnisonslazarett lag, einen verloren gegangenen Brief an Fischer schrieb. Thomas Mann hatte mit seinen Argumenten Erfolg, in einem Vertrag sicherte ihm der Verleger schließlich ein Honorar in Höhe von 20 % des Ladenpreises zu, ohne noch auf einer Kürzung zu bestehen.

8. Rezeption

Am 28. Oktober 1913, zwölf Jahre nach Erscheinen des Romans, wandte sich der Onkel des Autors, Friedrich Mann, mit einer **Annonce im *Lübecker Anzeiger*** an die Öffentlichkeit, um seiner Empörung über die Darstellung der Romanpersonen Ausdruck zu verleihen: »Wenn der Verfasser der *Buddenbrocks* [!] in karikierender Weise seine allernächsten Verwandten in den Schmutz zieht und deren Lebensschicksale eklatant preisgibt, so wird jeder rechtdenkende Mensch finden, daß dieses verwerflich ist. Ein trauriger Vogel, der sein eignes Nest beschmutzt.« Friedrich Mann, genannt Friedel, sah sich in dem von ihm falsch zitierten Roman von seinem Neffen in der Figur des Christian Buddenbrook als Außenseiter porträtiert und nahm daran Anstoß.

Annonce im Lübecker Anzeiger

Zu diesem Zeitpunkt, als Onkel Friedel mit dieser Anzeige an die Öffentlichkeit ging, war Thomas Mann bereits ein **anerkannter Schriftsteller**, zahlreiche Buchbesprechungen seines Debüt-Romans lagen bereits vor.

Thomas Mann anerkannter Schriftsteller

Wegen des Romanumfangs, aber auch wegen des zunächst noch weitgehend unbekannten Autors setzten die **Rezensionen** zunächst zögerlich ein, allein der »renommierte Verlagsname« förderte Besprechungen. In seinem *Lebensabriß* äußerte sich der Autor Anfang 1930, dass das Buch auf dem literarischen Markt zunächst kein leichtes Spiel gehabt habe. »Die Kritik fragte mißgelaunt, ob etwa die mehrbändigen Wälzer wieder Mode sein sollten. Sie verglich den Roman mit einem

Rezensionen

im Sande mahlenden Lastwagen«[27]. Der junge Autor erwartete keine große Anerkennung, weder in ökonomischer noch literarischer Hinsicht, was sich mit dem Erscheinen der einbändigen Ausgabe ändern sollte.

Thomas Mann wollte die ersten Buchbesprechungen nicht dem Zufall überlassen, so gab er dem Jugendfreund Otto Grautoff selbst »ein paar Winke noch, die *Buddenbrooks* betreffend«.[28] Thomas Mann beendete seinen Brief vom 26. November 1901 an Grautoff mit der Aufforderung »Mach Deine Sache recht gut und verschiebe sie nicht zu lange«[29], woraufhin am 24. Dezember 1901 eine anonyme Rezension, die fast wortwörtlich die Vorgabe des Autors enthielt, in den *Münchner Neuesten Nachrichten*, der führenden Zeitung Bayerns, erschien. Am 4. Januar 1902 folgte eine Besprechung unterzeichnet mit »Otto Grautoff« in der Hamburger Wochenzeitung *Der Lotse*.

Der nur um ein Jahr ältere österreichische Dichterkollege Richard Schaukal würdigte am 24. Januar 1902 *Buddenbrooks* in der *Wiener Abendpost* als einen großen Roman, »den wir bisher immer bei den Nachbarn mit jenem selbstlosen Eifer, der uns Deutsche als die gebildetste, aber unselbständigste Nation zeigt, bewundern«. Weiter heißt es: »Was ist das Wunderbare an diesem unbewegten, mit fester Chronistenhand Zeile um Zeile sorgfältig aufgebauten Buche? Warum erleben wir an der eigenen Seele alle diese so gleichgültigen Geschehnisse, diese Tagtäglichkeiten eines weltabgeschiedenen Bürgerhauses, warum ist es uns, wenn wir den Band dann vor uns hinlegen, weh und wund ums Herz? Ist es die unerhörte Meisterschaft der Darstellung, diese kalte, ruhige Macht der Erzählung? Ist es der helläugige, sonore Dichter, in dessen Schatten diese

»Unerhörte Meisterschaft der Darstellung«

Menschen wurden und verdarben? Rühren wir nicht an dieses zarteste Geheimnis. Es ist das Märchen der Schöpfung.«[30]

Fundierter fiel eine Rezension vom 16. April 1902 aus, die der damals noch unbekannte Rainer Maria Rilke für das *Bremer Tageblatt und General-Anzeiger* verfasst hatte. Rilke kündigte gleich zu Beginn an, man müsse sich den Namen des Autors unbedingt notieren, denn Thomas Mann habe »mit einem Roman von elfhundert Seiten [...] einen Beweis von Arbeitskraft und Können gegeben, den man nicht übersehen kann«[31]. In seiner Auslegung würdigte Rilke die dem Werk zugrunde liegende Konzeption, chronologisch den Abstieg der Familie zu erzählen, nachdem diese den höchsten Glückszustand erreicht hatte: »[...] erst in kaum merkbarer Senkung, dann immer jäher und jäher und schließlich senkrecht abfallend in das Nichts«[32]. Thomas Mann habe, um den Stoff zu bearbeiten, »Chronist« werden müssen, ein »ruhiger und unerregter Berichterstatter der Begebenheiten«, er habe aber trotzdem Dichter sein müssen und »beides in überaus glücklicher Weise vereint, indem er die Rolle des Chronisten modern« auffasste.[33] Rilke würdigte besonders die feine Beobachtungsgabe des Autors, der den Niedergang der Familie vor allem im Innern der Figuren zeigte, die in der zeitlichen Abfolge »gleichsam ihre Lebensrichtung geändert haben, daß es ihnen nicht mehr natürlich ist, nach außen hin zu leben, daß sich vielmehr eine Wendung nach Innen immer deutlicher bemerkbar macht«[34]. Diese psychologisch orientierte Darstellung führe bei Christian in der Abkehr vom äußeren Leben zu »einer gefährlichen und pathologischen Selbstbe-

»Beweis von Arbeitskraft und Können«

»Feine Beobachtungsgabe«

obachtung […], die sich auf innere leibliche Zustände erstreckt«. Auch bei Hanno ginge der »nach innen gekehrte Blick umher, aufmerksam die innere seelische Welt belauschend, aus der seine Musik herausströmt«[35].

»Strenge Durchführung des Chronistenstils«

Die Chronistenrolle Manns, die Rilke hervorhebt, spricht auch der jüdische Kritiker Samuel Lublinski in seinem Buch *Die Bilanz der Moderne* (1904) an: »[…] durch die strenge Durchführung des Chronistenstils« habe der Autor »eine innerliche Gebundenheit« erreicht, »die der Romanform sonst nicht beschieden scheint. Es gelang ihm, […] weil die erklärende Chronik blutvolle und plastische Gruppen umrahmte […].«[36]

»Bedeutendster Romandichter der Moderne«

Lublinski sieht den Roman wegen »einer streng naturalistischen Sachlichkeit«[37], wegen der Zeichen von körperlicher Entartung bei einzelnen Figuren und der Einbeziehung der Lehre von der Vererbung, als ein Beispiel naturalistischer Dichtung. *Buddenbrooks* bildet sogar den Abschluss dieser Literaturrichtung.[38] Über dieses Urteil mag der Autor nicht erfreut gewesen sein, wohl aber über Lublinskis Schlussfolgerung: »Dieses Buch wird wachsen mit der Zeit und noch von Generationen gelesen werden«[39]. Der Autor sei »schlechtweg der bedeutendste Romandichter der Moderne«.[40]

Nicht nur positiv urteilende Kritiker

Der Roman fand aber nicht nur positiv urteilende Kritiker, so glaubte Kurt Martens 1901, er würde nicht zu einer universalen Bedeutung gelangen.[41] Hierfür nennt er drei Gründe: »die ›sprunghafte Entwicklung der Vorgänge‹, eine ›Ideen-Armut‹, die zur ›Kraft und Ratlosigkeit der Weltanschauung‹ führe, und schließlich die

Tatsache, dass die pessimistische Darstellung des Lebens den ›Humor mit einer schrecklichen Bitterkeit‹ vergifte«[42]. Darüber hinaus hebt Martens positive Aspekte hervor, so die »reife, sichere Technik«, die »Kraft der Zeichnung und Farbe«[43]. Martens erkennt auch als einer der ersten Kritiker »die kompositionelle Bedeutung der Exaktheit im Werk Thomas Manns: Die Charakterisierung der Menschen erfolgt »induktiv durch eine Reihe immer markanterer Einzelzüge, etwa kleiner Tagesbedürfnisse, Angewohnheiten, stereotypischer Redensarten derart, daß auch der Blick des Lesers allmählich immer nach innen dringt«[44].

Erfolglosigkeit des Romans vorausgesagt

Von der Erfolglosigkeit des Romans war der Berliner Journalist Paul Raché überzeugt: »Ein Buch, das schon den Untertitel ›Verfall einer Familie‹ trägt und, mit einer Art spaßiger Hoffnungslosigkeit als Grundstimmung, das Problem der Décadence behandelt, kann von den ›weitesten Kreisen‹ nicht goutiert – um nicht zu sagen: nicht verstanden werden.«[45]

In der *Neuen Rundschau*, »dem ›Hausorgan‹ des Fischer-Verlags«[46], erschien (1901) Arthur Eloessers fast vollständig negative Besprechung. Eloesser hob hervor, der Roman sei durch die »Ueberfülle des Details belastet«, was auch wegen der fast unbegrenzten Zeitstruktur zu Monotonie führe.[47]

Der für sein Bemühen um die Reinhaltung der deutschen Sprache berühmt gewordene Literaturhistoriker Eduard Engel fällt in seiner *Geschichte der Deutschen Literatur* 1928 ein endgültiges Urteil über das Lebenswerk Manns: »›In der Stunde, wo über Thomas Mann ein Wort […] gesagt werden muß, […] da verlautet, er sei zum Nobelpreis für Literatur vorgeschlagen. Er wird ihn bekommen, denn er ist sehr berühmt. Trotzdem wird sein gesamtes Lebenswerk sehr schnell ins Nichts versinken, denn es ist inhaltlich wertlos. Und nicht nur des Inhalts wegen, sondern auch, weil er ›nicht Deutsch schreiben kann oder will‹«[48].

Der antisemitische kulturpolitische Agitator und spätere Ideologe der nationalsozialistischen Kulturpolitik Adolf Bartels bezeichnet Thomas Mann in seiner, 1919 in achter Auflage erschienenen *Geschichte der deutschen Literatur* als jemand, der »möglicherweise nicht ohne Juden- und Negerblut« sei, »und Thomas hat auch eine Jüdin geheiratet«[49]. Der Autor des Romans *Die Buddenbrooks* [!] »hat gewissermaßen Freude am Verfall, wie er denn in seinem das Lübecker Leben der letzten beiden Menschenalter darstellenden Roman unbedingt für das jüdische Halbblut gegen die patrizische Familie Partei ergreift«[50].

Antisemitische Agitation

Das »Zentralorgan der nationalsozialistischen Bewegung«, der *Völkische Beobachter*, druckte am 28. August 1930, an Goethes Geburtstag, die Ergebnisse einer stilistischen Untersuchung ab, die ein Lehrer namens Zindler mit seinen Schülern der Obersekunda hatte durchführen lassen. Thomas Mann beherrsche die Muttersprache nicht, so die Schlussfolgerung: »[…] als der ›Gesamtgehalt‹ des Romans ergibt sich daraus, ›wie maßlos gleichgültige, langweilige, meist minderwertige Menschen die abgeschmacktesten […] Reden halten‹«. Zu guter Letzt ironisiert Lehrer Zindler, indem er dem Leser empfiehlt, nicht darüber zu grübeln, »daß der zum Buch ›verdichtete Unsinn‹ drei Jahrzehnte lang für ein Meisterwerk ausgegeben werden konnte.«[51]

Thomas Mann »beherrscht die Muttersprache nicht«

Das deutsche Lesepublikum nahm den in zwei Bänden erschienenen Roman, die zwölf Mark kosteten, zunächst nur zögerlich wahr, bis 1903 der Fischer-Verlag eine preisgünstige einbändige Ausgabe zu fünf Mark auf den Markt brachte – die gebundene kostete sechs Mark – und weitere Auflagen folgen ließ. Nun wurde der umfangreiche Roman auch gelesen, bis 1911 konnte der Handel schließlich schon 60 000 Exemplare absetzen, 1918 waren es 100 000, ein Zeichen dafür, dass auch die Buchhändler einen wirtschaftlichen Erfolg verzeichneten. Als Thomas Mann 1929 für diesen Roman der **Literaturnobelpreis** verliehen wurde, erreichte die Auflage die Höhe von 700 000 Exemplaren. Die Gesamtauflage überstieg dann schnell die Millionengrenze. Zahlreiche Leihbibliotheken hielten wegen der großen Nachfrage gleich mehrere Ausgaben für das Lesepublikum bereit. In seinem *Lebensabriß* weist Thomas Mann stolz auf seinen frühen großen Erfolg hin: »Es war der Ruhm. Ich wurde in einen Erfolgstrubel gerissen […]. Meine Post schwoll an, Geld strömte herzu, mein Bild lief durch die illustrierten Blätter, hundert Federn versuchten sich an dem Erzeugnis meiner scheuen Einsamkeit, die Welt umarmte mich unter Lobeserhebungen und Glückwünschen.«[52] Der Autor war mit *Buddenbrooks* berühmt geworden.

Verkaufserfolge

Literaturnobelpreis

1903 las er öffentlich zum ersten Mal in Berlin, andere Lesungen folgten, was gleichzeitig die Einnahmen steigerte. Von Zeitungen und Zeitschriften wurde Thomas Mann um seine Mitarbeit gebeten. In dieser Zeit verfügte der noch nicht einmal dreißig Jahre alte Autor über ein beachtliches Einkommen von monatlich zwölf- bis fünfzehnhundert Goldmark, was heute einer Kaufkraft von mindestens 10 000 Euro entsprechen dürfte.

Liste »verbrennenswürdiger« Bücher

Im März des Jahres 1933 erschien der Name Thomas Mann auf der Liste »verbrennenswürdiger« Bücher, aber noch bis zu seiner Ausbürgerung konnten seine Werke in Deutschland ungehindert erscheinen. Anfang des Jahres 1937 wies das Propagandaministerium die Presse an, den Namen Thomas Mann »aus dem Gedächtnis verschwinden« zu lassen und der »Jugend gar nicht mehr bekannt« zu geben,[53] nachdem dem Nobelpreisträger etwa einen Monat zuvor, im Dezember 1936, die deutsche Staatsbürgerschaft aberkannt worden war.

Erst nach 1945 erschienen wieder Neuausgaben, allerdings galt das Interesse der Öffentlichkeit nun besonders dem Spätwerk des in den USA lebenden Autors. Zum fünfzigjährigen Erscheinen des *Buddenbrooks*-Romans kam 1951 eine Jubiläumsausgabe heraus. Seitdem sind mehr als drei Millionen weiterer Exemplare verkauft worden.

9. Checkliste

1. Legen Sie in einer Zeitleiste die Entwicklungsstationen der Familie Buddenbrook von 1835 bis 1877 an.
2. Erläutern Sie das zeitliche Strukturprinzip des Romans.
3. Kommentieren Sie die Haltung von Johann (Jean) Buddenbrook zur Revolution 1848.
4. Informieren Sie sich über die Rolle und die Ziele der deutschen Burschenschaften, denen der Student Morten angehört, bis zur Mitte des 19. Jahrhunderts.
5. Schreiben Sie einen Brief, in dem Morten, der nach Göttingen zurückgekehrt ist, Tony erläutert, weshalb er widerstandslos auf sie verzichtet hat.
6. Schreiben Sie einen Brief, in dem Thomas, nachdem er sich von Anna losgesagt hat, Tony erläutert, welche Rolle die Eheschließung in der Familie Buddenbrook spielen sollte.
7. Schildern Sie die Beziehungen Tonys, die sie mit Morten, Grünlich und Permaneder eingeht, aus der Perspektive Ida Jungmanns.
8. Schreiben Sie einen Abschiedsbrief Tonys an ihren ersten Ehemann Grünlich.
9. Nehmen Sie Stellung zu der These, Tony sei seit ihrer Jugendzeit Opfer gewesen.
10. Zeigen Sie anhand der beiden Häuser in der Mengstraße und in der Fischergrube charakteristische Abschnitte in der Entwicklung der Familie Buddenbrook auf.
11. Verfassen Sie einen inneren Monolog Annas beim Betrachten des neuen Hauses der Familie Buddenbrook, das ihrem Laden gegenüberliegt.

12. Schreiben Sie einen Brief Gerdas an ihren Vater über die Feierlichkeiten anlässlich des Firmenjubiläums.
13. Stellen Sie die Entwicklung des Familienvermögens im Verhältnis zur Entwicklung der Familie dar.
14. In welcher Weise sind die Geschwister Thomas und Christian einander zugeordnet? Skizzieren Sie ihre Lebenswege.
    Vergleichen Sie deren Lebenskonzeptionen.
    Nehmen Sie Stellung:
    »Mir gefällt an Christian, dass er …«
    »Mir missfällt an Christian, dass er …«
    »Mir gefällt an Thomas, dass er …«
    »Mir missfällt an Thomas, dass er …«
    »Mir gefällt an Tony, dass sie …«
    »Mir missfällt an Tony, dass sie …«
    Begründen Sie jeweils Ihre Meinung.
15. Vergleichen Sie die beiden Frauen Anna und Gerda miteinander.
16. Erklären Sie die Begriffe *erzählte Zeit*, *Erzählzeit*, *Leitmotiv* und *Montagetechnik*.
17. Erläutern Sie die Rolle der *Religion* für Elisabeth und ihren Sohn Thomas Buddenbrook.
18. Erläutern Sie, welche Funktion dem *Zahn-Motiv* zukommt.
19. Verfolgen Sie den Rückgang der Lebenskraft bei Thomas Buddenbrook.
20. Informieren Sie sich über die Philosophie Arthur Schopenhauers. Stellen Sie Thomas Buddenbrooks Schopenhauer-Erlebnis dar.
21. Stellen Sie Hannos Charakter dar.
    Erklären Sie, welchen von außen kommenden Anforderungen Hanno ausgesetzt ist.

22. Charakterisieren Sie den Unterricht, an dem Hanno teilnimmt.
Wie erlebt Hanno den Vormittag in der Schule?
23. Welche Möglichkeiten hätte Hanno heute, den Ansprüchen der Schule gerecht zu werden?
24. Stellen Sie dar, inwiefern Hanno ein Vertreter der Décadence ist.
25. Gehen Sie auf das Verhältnis zwischen der Wirklichkeit und ihrer epischen Gestaltung ein.
26. Erläutern Sie, inwiefern sich in der Décadence die Krise der Moderne zeigt.
27. Welche Gesichtspunkte erlauben es, den Roman *Buddenbrooks* als Beispiel für den Naturalismus anzusehen? Was spricht gegen eine Zuordnung zum Naturalismus?
28. Informieren Sie sich über Rainer Maria Rilke und stellen Sie dessen Thesen seiner Roman-Rezension zusammen.
29. Setzen Sie sich mit dem negativen Rezeptionszweig des Romans auseinander (Martens, Raché, Eloesser, Bartels).
30. Verfassen Sie ein fiktives Interview über Entstehung und Rezeption des Romans *Buddenbrooks* mit Thomas Mann, nachdem er den Nobelpreis erhalten hat.
31. Hätte der Roman auch anders enden können? Begründen Sie Ihre Meinung.

10. Lektüretipps

Textausgaben und Werke im Umkreis der *Buddenbrooks*

Thomas Mann: Buddenbrooks. Verfall einer Familie. Frankfurt a. M.: Fischer Taschenbuch Verlag, 2004. (Fischer Taschenbuch. 9431.) – *Nach dieser Ausgabe wird zitiert.*
– Buddenbrooks. Kommentar (von Eckhard Heftrich und Stephan Stachorski unter Mitarb. von Herbert Lehnert). Frankfurt a. M. 2002. (Große kommentierte Frankfurter Ausgabe [GKFA]. Bd. 1.2.)
– Selbstkommentare: *Buddenbrooks.* Informationen und Materialien zur Literatur. Hrsg. von Hans Wysling, Frankfurt a. M. 1990.
– Betrachtungen eines Unpolitischen. Frankfurt a. M.: S. Fischer, 2001.
– Essays. Bd. 3: Musik und Philosophie. Frankfurt a. M.: S. Fischer, 1978.

Literatur zu *Buddenbrooks*

Koppen, Erwin: Vom Décadent zum Proto-Hitler. Wagner-Bilder Thomas Manns. In: Peter Pütz (Hrsg.): Thomas Mann und die Tradition. Frankfurt a. M. 1971. S. 201–249.
Kraske, Bernd M.: Revolution und Schulalltag in Thomas Manns *Buddenbrooks.* Erzählte Zeitgeschichte im Roman. Bad Schwartau 2005. S. 70–95.
Lämmert, Eberhard: Thomas Mann: *Buddenbrooks.* In: Der deutsche Roman vom Barock bis zur Gegenwart. Bd. 2. Hrsg. von Benno von Wiese. Düsseldorf 1965. S. 190–233.

Moulden, Ken / Gero von Wilpert (Hrsg.): Buddenbrooks-Handbuch. Stuttgart 1988.

Müller, Fred: Thomas Mann. *Buddenbrooks*. München ³1998.

Prem, Boris: Thomas Mann: *Buddenbrooks*. Inhalt – Hintergrund – Interpretation. München 1998.

Schumacher, Günter / Dirk Scholten: Thomas Mann: *Buddenbrooks*. Paderborn 2003.

Strothmann, Dietrich: Nationalsozialistische Literaturpolitik. Bonn ²1963.

Thomas-Mann-Handbuch. Hrsg. von Helmut Koopmann. Frankfurt a. M. ³2005.

Vogt, Jochen: Thomas Mann: *Buddenbrooks*. München ²1995.

Wenzel, Georg: *Buddenbrooks* – Leistung und Verhängnis als Familienschicksal. In: Volkmar Hansen (Hrsg.): Thomas Mann: Interpretationen: Romane und Erzählungen. Stuttgart 1993. S. 11–46.

Wisskirchen, Hans: Thomas Manns Romanwerk in der europäischen Literaturkritik. In: Thomas-Mann-Handbuch. Frankfurt a. M. ³2005. S. 875–924.

Wysling, Hans: *Buddenbrooks*. In: Thomas-Mann-Handbuch. Frankfurt a. M. ³2005. S. 363–396.

Thomas-Mann-Biographien

Harpprecht, Klaus: Thomas Mann. Eine Biographie. Reinbek 1995.

Kurzke, Hermann: Thomas Mann. Das Leben als Kunstwerk. Frankfurt a. M. ²2002.

Middell, Eike: Thomas Mann. Versuch einer Einführung in Leben und Werk. Leipzig 1975.

Schröter, Klaus: Thomas Mann. Reinbek ³³2004.

Anmerkungen

1 Ken Moulden, Die Figuren und ihre Vorbilder, in: *Buddenbrooks-Handbuch*, hrsg. von Ken Moulden und Gero von Wilpert, Stuttgart 1988, S. 16. Im Roman lautet der Spruch: »Mein Sohn, sey mit Lust bey den Geschäften am Tage, aber mache nur solche, daß wir bey Nacht ruhig schlafen können« (56).
2 Ebd., S. 22.
3 Hierzu: Christian Grawe, »Struktur und Erzählform«, in: *Buddenbrooks-Handbuch* (Anm. 1), S. 78 ff.
4 Der Brief der Schwester Julia ist abgedruckt im Kommentarband zum Roman *Buddenbrooks* von Eckhard Heftrich [u.a.], Frankfurt a.M. 2002, S. 642–662.
5 *Meyers Konversations-Lexikon*, 17. Bd., Leipzig/Wien [5]1897, S. 19–22.
6 Thomas Mann, *Lübeck als geistige Lebensform*, in: *Selbstkommentare: »Buddenbrooks«*, Frankfurt a.M. 1990, S. 67.
7 Thomas Mann, *On Myself* (1940), in: *Selbstkommentare: »Buddenbrooks«* (Anm. 6), S. 103; hierzu auch der Brief an William Sawitzky, November 1906 (ebd., S. 35).
8 Klaus Harpprecht, *Thomas Mann. Eine Biographie*, Reinbek bei Hamburg 1995, S. 185 f.
9 Thomas Mann, *Bilse und ich*, in: Selbstkommentare: *»Buddenbrooks«* (Anm. 6), S. 33.
10 Hierzu Jochen Vogt, *Buddenbrooks*, München 1995, S. 77.
11 Thomas Mann, *On Myself* (1940), in: *Selbstkommentare: »Buddenbrooks«* (Anm. 6), S. 107.
12 Hierzu ausführlich Jochen Vogt, *Buddenbrooks* (Anm. 10), S. 84–87 (dort auch eine Gegenüberstellung des Romanausschnitts mit der entsprechenden Passage aus Schopenhauers *Die Welt als Wille und Vorstellung*, Bd. 2).
13 Arthur Schopenhauer, *Die Welt als Wille und Vorstellung*, Bd. 2, Darmstadt 1961, S. 650.
14 Thomas Mann, *Schopenhauer*, in: *Essays*, Bd. 3, Frankfurt a.M. 1978, S. 218.
15 Hans Wysling, »Buddenbrooks«, in: *Thomas-Mann-Handbuch*, Frankfurt a.M. 2005, S. 373.

16 Thomas Mann, *Betrachtungen eines Unpolitischen*, Frankfurt a. M. 1956, S. 567.
17 Ebd.
18 Ernst Keller, »Das Problem ›Verfall‹«, in: *Buddenbrooks-Handbuch* (Anm. 1), S. 168 f.
19 Hermann Bahr, *Die Überwindung des Naturalismus* (1891), in: *Die Wiener Moderne, Literatur, Kunst und Musik zwischen 1890 und 1910*, hrsg. von Gotthart Wunberg und Johannes J. Braakenburg, Stuttgart 1981, S. 199–205, hier: S. 200.
20 Ebd., S. 204.
21 Der Brief ist abgedruckt im Kommentarband (Anm. 4), S. 10.
22 Thomas Mann, *Betrachtungen eines Unpolitischen* (Anm. 16), S. 64. Einige Interpreten haben diese Äußerung Manns als eine schöne Anekdote »ins Reich der Legende verlegt« (Kommentarband, Anm. 4, S. 53).
23 Ebd., S. 21.
24 Brief an Kurt Martens vom 8. 7. 1899, in: *Selbstkommentare: »Buddenbrooks«* (Anm. 6), S. 10.
25 *Buddenbrooks-Handbuch* (Anm. 1), S. 7.
26 Zit. nach: Thomas Mann, Kommentarband (Anm. 4), S. 83.
27 Thomas Mann, *Lebensabriß*, in: *Selbstkommentare: »Buddenbrooks«* (Anm. 6), S. 88.
28 Brief vom 26. 11. 1901 an Grautoff, in *Selbstkommentare: »Buddenbrooks«* (Anm. 6), S. 20.
29 Ebd.
30 Zit. nach: Harpprecht: *Thomas Mann* (Anm. 8), S. 177 f.
31 Rainer Maria Rilke, *Von Kunst-Dingen, Kritische Schriften*, Leipzig/Weimar 1981, S. 116.
32 Ebd.
33 Ebd., S. 117.
34 Ebd., S. 118.
35 Ebd.
36 Samuel Lublinski, *Die Bilanz der Moderne*, hrsg. von Gotthart Wunberg (Nachdruck von 1904), Tübingen 1974, S. 227.
37 Ebd. S. 226.
38 Ebd., S. 227.
39 Samuel Lublinski, »Thomas Mann, *Die Buddenbrooks*«, in: *Berliner Tageblatt* vom 13. 9. 1902, zit. nach: Thomas Mann, *Selbstkommentare: »Buddenbrooks«* (Anm. 6), S. 69.

40 Lublinski (Anm. 36), S. 224.
41 *Das litterarische Echo* 4 (1901) S. 380–383.
42 Hans Wisskirchen, »Europäische Literaturkritik«, in: *Buddenbrooks-Handbuch* (Anm. 1), S. 878.
43 Ebd.
44 Kurt Martens' Besprechung in: *Das litterarische Echo* 4 (1901), S. 380–383, zit. nach: Wisskirchen (Anm. 42), S. 878.
45 Zit. nach: Klaus Harpprecht, *Thomas Mann* (Anm. 8), S. 173.
46 Ebd., S. 879.
47 Hierzu ebd., S. 879 f.
48 Zit. nach: Thomas Mann, Kommentarband (Anm. 4), S. 199.
49 Adolf Bartels, *Geschichte der deutschen Literatur*, Hamburg/Braunschweig/Berlin 1919, S. 638.
50 Ebd., S. 639.
51 Thomas Mann, Kommentarband (Anm. 4), S. 194 f.
52 Thomas Mann, *Lebensabriß*, in: *Selbstkommentare: »Buddenbrooks«* (Anm. 6), S. 88.
53 Dietrich Strothmann, *Nationalsozialistische Literaturpolitik*, Bonn ^{2}1963, S. 310.